LES VINS DE BERGERAC

LE PÉRIGORD POURPRE

Michel Delpon

« Si tu ne t'occupes pas
des affaires de la cité,
d'autres moins vertueux
le feront »

SOCRATE

A ma femme, à ma fille.

Dire
éditions

PRÉFACE

Ah ! Non ! c'est un peu court, mon bonhomme !
Ça donne envie... Oh ! Dieu !... de ce vin en somme.
En variant les crus, - je voudrais plaider :
Avec désir : « moi, monsieur, si j'avais un tel nez
Il faudrait sur-le-champ que je conquière votre terre ! »
Rassuré : « mais je le vois tourner dans mon verre !
Pour le créer, quel panache il aura fallu ! »
Enragé : « c'est un suc ! un nectar que j'ai bu !
Et alors ! de quoi sert cette oblongue bouteille ?
De réceptacle, monsieur, pour le jus de la treille ! »
Généreux : « aimez-vous à ce point le bon vin
Que fort heureusement vous veniez ce matin
Offrir ce bel ouvrage sur votre vignoble ? »
Je parraine avec joie ce livre au sang noble
De vos magnifiques terroirs d'Aquitaine,
Car je fus « de Bergerac », le temps d'un poème...

GÉRARD DEPARDIEU

G. Depardieu

CHAPITRES

Mosaïque romaine du Canet à Port-Sainte-Foy

1 Histoire des Vins de Bergerac

Fragment de sarcophage IVème siècle

Le mythe de Bacchus

Dionysos naquit dans d'étranges conditions. Il était le fils de Zeus, le plus puissant de tous les Dieux, et de Sémélé, une mortelle. Cette dernière, poussée par la jalouse Héra, fut consumée par la foudre, en voulant voir son amant dans toute sa puissance. Zeus eut juste le temps d'arracher de ses entrailles le petit Dionysos qu'il cacha quelques mois dans sa cuisse pour qu'il puisse naître à terme.

Telle est l'origine de l'expression « sorti de la cuisse de Jupiter ». Afin d'échapper aux pièges tendus par Héra, toujours jalouse, Dionysos s'enfuit vers de lointaines contrées où il découvrit la vigne et le vin. Il entreprit par la suite un long voyage à travers l'Égypte, la Syrie, la Phrygie et l'Inde, introduisant dans chaque pays la culture de la vigne. Au terme de cette expédition, il revint à Thèbes où il instaura les bacchanales, fêtes mystiques pour ses fidèles. Lié au vin et à l'ivresse, le culte de Dionysos s'étendit alors dans toute la Grèce. Le dieu devint ainsi le symbole de la puissance enivrante de la nature, de la sève qui gonfle les grains de raisin et qui est la vie même de la végétation. À l'époque classique, Dionysos, appelé aussi Bakkhos, représenta le dieu de la vie joyeuse, des jeux et des fêtes, surtout dans l'Empire romain où il prit le nom de Bacchus.

Les origines de la vigne et du vin

En l'état actuel des recherches, la vigne serait originaire du Caucase, en Géorgie, et du Mont Ararat en Arménie où s'échoua, nous dit la Bible, l'arche de Noé. Les fouilles du Catal Hüyük ont également mis à jour des pépins de raisin vieux de près de 9 000 ans en Anatolie, dans l'actuelle Turquie. La présence de la vigne est confirmée dans la ville de Jéricho en Jordanie, la plus vieille ville du monde, puis à Babylone où les vignes faisaient partie intégrante de ses fameux jardins.

Par ailleurs, il s'est avéré que l'Espagne connaissait déjà la vigne et le raisin 5 000 ans avant notre ère comme en témoignent les sites de Mallaetes, Los Calaveres ou encore Villanueva de la Vera et Almazaraque. Cependant, la vigne sauvage recherchée par les populations nomades pour la cueillette de son fruit « lambrusca »

Yan Laborie

Amphore italique découverte à Calès

et la vigne cultivée « vitis vinifera » sont deux choses bien distinctes.
Les premiers balbutiements de la viticulture se produisirent probablement en Mésopotamie, entre le Tigre et l'Euphrate, pendant la révolution néolithique. Une amphore de vin retrouvée sur le site de Zagros en Iran est l'une des premières preuves de vinification (5 500 av. J-C.). Les Sumériens seraient donc les premiers vignerons capables de distinguer les différents terroirs viticoles de plaine et de coteau.
Très rapidement, la vigne va sculpter les paysages alentour et atteindre les rives de la Mer Noire, le Liban, la Palestine et l'Égypte. En effet, c'est la fréquence des hiéroglyphes désignant le vin qui permit à Champollion de les déchiffrer : le mot « arp » (vin) fut le premier mot connu de la langue égyptienne. Dans la Haute Égypte, 3 000 ans av. J-C., le vin bénéficiait d'un grand prestige. Les Égyptiens connaissaient déjà les vertus alimentaires et médicinales du vin. Des amphores de vin funéraire étaient déposées dans les tombeaux pour accompagner les morts dans leur ultime voyage. Déjà, à cette époque, les vins étaient identifiés selon des critères comparables à nos Appellations d'Origine Contrôlée (terroir, millésime et nom du propriétaire), comme en témoignent les amphores retrouvées dans la tombe de Toutankhamon.
Par ailleurs, l'Épopée de Gilgamesh, poème babylonien écrit en cunéiforme sur des tablettes de terre cuite, est une preuve supplémentaire de l'existence de la vigne 2 000 ans avant notre ère. Cette toute première œuvre littéraire nous parle du déluge et d'un dénommé Um-napishtim qui n'est autre que le Noé babylonien : il offrait aux ouvriers chargés de construire son arche « le jus de la vigne, le vin rouge et le blanc... pour qu'ils puissent en boire comme l'eau du fleuve .» Par la suite le commerce s'intensifia et Hammourabi, roi de Babylone (-1792 à -1750) fut à l'origine du plus ancien code de réglementation du commerce du vin, gravé sur une stèle en diorite actuellement exposée au Louvre.

Yan Laborie

Cruches et pichets en céramique XIVème siècle

En France, ce furent les Étrusques qui implantèrent la vigne et qui, dès le VIIème siècle av. J-C. précédèrent Phéniciens et Grecs sur le littoral méditerranéen. Toutefois, sous la conquête romaine, la vigne connut sa véritable expansion en Gaule. Ainsi, l'écrivain latin Lucius Columelle nous a laissé de nombreux textes sur la vigne dans son traité d'agronomie *De Re Rustica* où il préconisait un rendement limité à 60 hectolitres à l'hectare, déjà en 65 ap. J-C.

Depuis leur origine gallo-romaine, les vins de Bergerac vécurent de grands événements historiques avec l'Aquitaine. En 52 av. J-C., les Pétrucores entrèrent dans l'histoire lors de la guerre des gaules. En effet, Vercingétorix, assiégé à Alésia, réclama des renforts militaires aux tribus gauloises, dont les Pétrucores, implantés dans la région qui deviendra le Périgord et ayant pour capitale Vesunna, où subsiste encore l'imposante tour de Vesone.

Le commerce du vin a été un des vecteurs essentiels de la pénétration économique et politique de Rome, préparant ainsi la conquête de Jules César. En effet, de nombreuses amphores vinaires italiques furent découvertes dans l'oppidum gaulois de Petrucores à la Curade, commune de Coulounieix-Chamiers, mais aussi dans de nombreux autres sites de la vallée de la dordogne.

Après la conquête de l'Aquitaine par Crassus et l'instauration de la *pax romana*, les notables de Burdigalla (Bordeaux) cherchèrent dès le Ier siècle à créer leur propre vignoble pour se libérer de l'emprise des *négotiatores vinearum* romains.

Pour créer un vignoble, les Bituriges Vivisques découvrirent en Illyrie (Balkans) un cépage capable de s'adapter aux terroirs d'Aquitaine et à ses conditions climatiques océaniques. Ce plant fut baptisé *Biturica*, du nom d'une tribu gauloise d'Aquitaine. C'est l'ancêtre de notre cépage Cabernet.

Des vestiges archéologiques viennent confirmer l'existence de vignobles dans la vallée de la Dordogne dès l'époque antique. Ainsi la viticulture s'étendit en Périgord à partir du Ier siècle comme en témoignent des aménagements viticoles gallo-romains découverts dans les villas de Montcaret (caves à moût du Nodin) et d'Allas Les Mines (pressoir), et surtout la magnifique mosaïque du Canet à Port-Sainte-Foy représentant un panier de raisins. Le premier négociant romain en vins de Bergerac s'appelait Philon si l'on s'en tient aux écrits du poète romain Ausone qui faisait référence à la villa romaine de Montcaret :

« Une marée te portera des rives de Domnotonus au port de Condate si tu fais diligence et si pour remplacer le vent quand le souffle te manquera, tu as soin de faire marcher ton navire à force de rames. Tu trouveras là sous ta main des charriots attelés de mules et tu arriveras promptement à la villa Luccaniacus. » (Épistole 5)

Trouvant dans la Gaule une véritable rivale pour la production et le commerce des vins, l'Italie demanda vengeance à

Maison de vigne - Château de la Vaure

ses empereurs. En 96, l'empereur Domitien donna l'ordre d'arracher la plus grande partie des vignes de la Gaule. Ses ordres ne furent exécutés que partiellement mais la culture de la vigne fut restreinte pendant deux siècles.

Ce ne fut qu'en l'an 281 que l'empereur Probus rendit aux gaulois la liberté de planter la vigne. Après la chute de l'empire Romain en 476, le christianisme contribua à l'essor du vignoble français pendant tout le Moyen Âge.

En 768 Charlemagne hérita d'une province pacifiée et vint en Périgord pour y établir une administration. Il fut ainsi à l'origine en 795 de la création du Comté du Périgord avec le comte de Widbod. En 1 080, un prieuré bénédictin fut édifié à Bergerac dans la paroisse de Saint-Martin. Il est richement doté en terres, dont peut être celles de *Mont-Bazailhac*. Prenant possession du domaine, les Moines de Saint-Martin y auraient édifié une chapelle et entreprirent dès le XIIème siècle de défricher la côte pour y cultiver la vigne.

La légende leur attribue la découverte du *Botrytis Cinerea* et donc la primauté de Monbazillac sur Sauternes. Ainsi les moines de Saint-Martin trop occupés à d'autres tâches auraient délaissé leurs vignes permettant à la pourriture noble de s'y développer. Refusant par la suite de perdre les bénéfices d'une récolte, ils auraient involontairement découvert les vertus de la surmaturation qui a fait le Monbazillac.

Au XIème siècle, le comte du Périgord fit édifier un château à Bergerac en bordure de la Dordogne, rive droite, pour contrôler le trafic fluvial et encadrer la population nombreuse de cette vallée fertile.

Dès 1209, la ville de Bergerac posséda un pont sur la Dordogne, le seul de la vallée pendant des siècles. Bergerac devint ainsi le passage obligé du commerce aquitain et une étape appréciée des pèlerins de Saint-Jacques de Compostelle. Le pont jouera un rôle primordial dans

Église Saint-Jacques - Bergerac

le développement du vignoble bergeracois, faisant de Bergerac un port fluvial très important.

La période anglaise

En 1152, Aliénor d'Aquitaine fut à l'origine de la notoriété internationale des vins de Bergerac.

Elle apporta d'abord sa dot au roi de France Louis VII en 1137, mais ce dernier la répudia en 1152 scellant par cet acte le destin de la France et de l'Aquitaine pour plusieurs siècles. En effet, remariée la même année à Henri II Plantagenêt, futur roi d'Angleterre, Aliénor d'Aquitaine arracha ses possessions au roi de France en faisant de l'Aquitaine une terre anglaise.

À cette époque commença le commerce des vins de Bergerac vers l'Angleterre.

En 1254, Henri III, roi d'Angleterre et duc d'Aquitaine, cherchant à s'assurer la fidélité de Bergerac, accorda à ses habitants le droit de s'assembler en municipalités et leur concéda le privilège d'expédier leurs vins au port de Libourne en toute saison, sans avoir à supporter la moindre entrave de la part des concurrents bordelais. Les Bergeracois reçurent en plus par « grâce spéciale » l'exemption de la « prise des vins », l'une des taxes levée à l'importation en Angleterre, encouragement royal à approvisionner de leurs vins le marché anglais. Ce privilège ouvrait la voie de l'expansion.

La Vinée de Bergerac

En 1322, l'article LXXV des Statuts et Coutumes de Bergerac décréta que le vignoble privilégié de Bergerac s'étendait sur un territoire délimité appelé « vinée » (voir carte des vignobles). Dans un premier temps cette vinée s'étendait au nord de Bergerac sur la rive droite dans un rayon de dix à quinze kilomètres dont les limites étaient Ginestet, Maurens, Campsegret, Lembras, Creysse et Mouleydier.

Maison de vignerons - Époque Charlemagne

Les bourgeois et habitants de Bergerac furent cependant dès le XVème siècle propriétaires sur les coteaux de la seigneurie de Montcuq. La Vinée s'étendit au sud de la Dordogne par la transaction du 4 septembre 1495, passée devant le Parlement de Bordeaux, « touchant l'usage de mettre les vins nommés du creu et vinade de la dite ville en icelle ». Cette nouvelle Vinée comprenait les paroisses de Montcuq, Saint-Mayme, Pomport, Saint-Laurent des Vignes, Monbazillac, Colombier, Saint-Christophe. L'étendue de la Vinée se maintint sans variation jusqu'à la fin du privilège en 1776.

Les consuls de la Vinée étaient choisis par le seigneur et avaient autorité sur le vignoble. Ils fixaient le ban des vendanges, contrôlaient la circulation des vins et en collectaient les taxes.

Les vins de « l'Entrée » étaient ceux qui provenaient des vignobles de la « Vinée » et dont étaient propriétaires les bourgeois et habitants de Bergerac. Le privilège de l'Entrée était d'abord défini par le calendrier. Il avait son effet depuis le ban des vendanges jusqu'à la Saint-Martin d'hiver (11 novembre).

Au XVIIème siècle, les vendanges devenant plus tardives pour satisfaire à la vinification des vins liquoreux, le droit de l'Entrée fut prorogé jusqu'à Noël. À cette date les vins non bourgeois et extérieurs à la « Vinée » pouvaient entrer dans la ville ou embarquer dans son port en acquittant une taxe de 5 sous par barrique.

Les vendanges : Les consuls disposaient du droit de décider de la date des vendanges. La ville mettait alors un système extraordinaire de garde aux portes de la ville. La plupart des bourgeois rentraient leur récolte de raisin, la faisaient fouler et mettre en cuve dans leurs « chais urbains » et « faisaient leurs vins » à l'abri des murs.

La garde contrôlait l'origine du raisin qui entrait, car aucune vendange en dehors du territoire de la Vinée n'avait droit de pénétrer dans la ville. C'était au moment des vendanges que

Tertre de Montcuq

la dîme était prélevée sur la récolte à la dixième charge de vendange, et revenait aux moines du prieuré Saint-Martin. En période de guerre, la sécurité était assurée dans les vignes. Il fallait obtenir « un patis » du chef de guerre le plus influent du voisinage et parfois la ville se chargeait elle-même de placer des soldats dans la vinée.

Les vins : « Le vin Claret » est ce vin rouge caractéristique du vignoble d'Aquitaine dont la production était destinée au marché britannique. Le vin blanc doux et liquoreux était déjà célèbre sous le nom de « vin blanc de Montcuq. » Particulièrement apprécié par les Hollandais, « le vin de liqueur » de Bergerac, produit dans la vinée sud devint l'élément principal de l'exportation.

Le compte de Pougèzes : La vente du vin de Bergerac en taverne était réglementée par les pougèzes ou impositions pesant sur la vente du vin au détail. Seuls les consuls et maires en étaient exempts pendant l'année de leur consulat. À cette époque on comptait trente tavernes à Bergerac. La publicité de la vente devait être assurée par la disposition d'un « senhal » à la porte de la taverne. « Le pot et la pinte de bois réglés » demeuraient les mesures officielles, si bien que la bouteille de vin apparue plus tard demeurera interdite, de crainte qu'il n'y ait fraude sur la mesure.

En 1326, sous le roi Charles IV, le seigneur de Bergerac, Renaud de Pons, institua une marque pour les vins exportés : pied de griffon à champs de gueule. Ainsi, sur chaque tonneau un sceau était placé à côté de la bonde.

La Guerre de Cent Ans

En 1345, la guerre de Cent Ans commence à Montcuq près de Monbazillac avec l'arrivée de l'armée anglaise du comte de Derby. Selon Froissart, « les Anglais passèrent la nuit en réjouissances et burent quantité de ces bons

Tour de Malfourat - Point culminant du vignoble

vins qui leur coûtaient fort peu ». Les fortifications de Bergerac arrêtèrent longtemps les Anglais. Ces derniers réussirent pourtant à prendre un bastion sur la rivière, grâce à une attaque par eau. Bergerac était défendue par des Gascons et des arbalétriers genevois à la solde des seigneurs qui durent capituler le 26 août 1345.

Du Guesclin fut fait connétable en 1370 par Charles V, fils de Jean Le Bon. Après avoir pris Mouleydier, il n'était pas parvenu à prendre Lalinde, lorsque Thomas de Badefols lui ouvrit la porte du Levant à Bergerac en 1374.

La campagne de 1377 fut beaucoup plus sanglante. Le duc d'Anjou, frère du roi, vint assiéger Bergerac en août 1377 pour la reprendre aux Anglais.

Perducat d'Albret, du parti des Anglais, commandait les troupes que le Duc de Lancastre avait envoyées à Bergerac. Les consuls de Bergerac à leur corps défendant marchaient avec les Anglais.

Du Guesclin vint se joindre à l'armée royale en passant par Eymet et favorisa l'arrivée d'un détachement commandé par Beaudoin de Crémoux qui disposait d'une machine de guerre redoutable appelée « la truie ».

Tous deux semèrent la terreur parmi les assiégés. Les habitants abandonnés par les Anglais chassèrent Perducat, égorgèrent les derniers de ses soldats et se rendirent après quinze jours de siège le 2 septembre 1377.

Cette reddition à l'armée royale sembla une délivrance pour Bergerac qui était victime de la guerre depuis 60 ans. Le Duc d'Anjou, au nom du roi, confirma les privilèges et les libertés de la ville. Les Bergeracois restaient tout de même en bons termes avec les Anglais qui guerroyaient tout autour, notamment avec les Lancastre.

Cependant les Jurats prétextèrent de leur pauvreté pour ne pas expédier en Angleterre un tonneau de vin de Bergerac destiné au duc de Lancastre, ce qu'ils ne pouvaient faire après leur capitulation. Mais pour Perducat, le duc continuait à être « le seigneur de Bergerac », titre que garderont tou-

Château de Monbazillac - Vue sur Bergerac

jours les Lancastre jusqu'à nos jours. En 1453 la victoire de Castillon mit fin à la guerre de Cent Ans. C'est le comte de Penthièvre qui obtint la reddition de Malrigou de Bideran et reprit Sainte-Foy et Lamothe-Montravel. Ainsi Bordeaux, fut libéré de l'occupation anglaise. En 1520, François 1er confirma et renforça les dispositions du privilège des vins de Bergerac en dépit des incessantes plaintes des Bordelais.

Bergerac, phare intellectuel au XVIème siècle, devient citadelle protestante

De par l'importance de sa franc-maçonnerie et du commerce du vin sur la Dordogne, Bergerac fut au XVIème siècle un foyer intellectuel qui ouvrit la voie à la Réforme pour devenir fièrement huguenote dans le sillage des prédications calvinistes.

Située en Guyenne et Gascogne, elle fut sujette à la double influence des Caumont Laforce à l'ouest et des Bourbon-Albret au sud-est et se trouva a l'épicentre des autres bastions protestants : La Rochelle, Cognac et Montauban.

Henri IV installa son état-major à Bergerac qui deviendra le centre des négociations avec la royauté. Il s'appuyait sur un réseau de penseurs, humanistes, politiciens et militaires très influents : Michel de Montaigne et La Boétie ;

Burdin / Benoît

Élevage du Pécharmant

Ci-contre :
Une bouteille de Monbazillac 1747 découverte en 1984 dans l'« Amsterdamer », tout nouveau galion de la Compagnie Néerlandaise des Indes Orientales, échoué dans la baie d'Hastings, au sud-est de l'Angleterre, avec toute sa cargaison à bord.
Ce vin fut dégusté et apprécié par les professionnels de VINEXPO en juin 1989.

Jacques Nompar de Caumont, duc de la Force ; Charles de Gontaud, duc de Biron ; Arnaud de Clermont, seigneur de Piles.

La deuxième période historique des vins de Bergerac commence... Ils deviendront en effet le lien originel des protestants expatriés en Hollande suite aux guerres de religion.

En 1545, le calvinisme arriva à Bergerac par un religieux franciscain, Guillaume Marentin. En 1553, le Lieutenant Général Pierre Pognety fit publiquement prêcher la religion réformée.

Dès 1561, Bergerac devint une place protestante avec l'édification d'un grand temple sur le Mercadil, aujourd'hui le Marché couvert.

Après la paix d'Amboise en 1563, garantissant aux protestants le libre exercice de leur culte, le roi Charles IX entreprit un voyage dans le midi de la France. En 1565, Bergerac accueillit le roi et la Reine Mère, Catherine de Médicis.

« Toutes les rues étaient couvertes de sable et tendues de travers en travers de linge blanc. Les Consuls étaient vêtus de robes en taffetas blanc et rouge et la fontaine appelée la Fonpeyre pissa du vin tant que le roi passa... Ils reçurent en cadeau de bienvenue "maintes pipes de vin blanc de Monbazillac". »

C'est ce même Charles IX qui, à l'instigation de sa mère, ordonna le désastreux massacre de la Saint-Barthélemy, le 24 août 1572, où plusieurs chefs protestants furent assassinés, dont Arnaud de Clermont de Piles.

Dès 1576, Henri de Bourbon, roi de Navarre, vint à Bergerac et reçut en cadeau « deux barriques de vin de Monbazillac ». Le présent dut lui plaire car le futur Henri IV revint souvent à Bergerac. En 1577, la trêve religieuse fut signée à Bergerac en présence d'Henri de Navarre et, à cette occasion, le Monbazillac fut servi aux ambassadeurs comme « vin de paix ».

En 1578, un synode national se tint au Fleix et en 1580 la Conférence du Fleix scella un nouvel accord entre Henri de Navarre et le roi de France, Henri III. Ces accords de paix servirent de base à l'Édit de Nantes de 1598.

En 1581, Montaigne fut élu maire de Bordeaux et devint ambassadeur officieux d'Henri de Navarre. À Noël 1584, Montaigne reçut dans son château Henri de Navarre et ses fidèles. En 1587, après la bataille de Coutras, Henri de Navarre accorda à Bergerac tous les attributs d'une capitale.

En 1594, sacré roi de France à Chartres, Henri IV se souvint de Bergerac et en laissa le plus flatteur des témoignages : « Bonne cuisine et grands vins, voilà le paradis sur terre ».

Monbazillac - Marque hollandaise

En 1598, l'Édit de Nantes rendu par Henri IV instaura la paix et donna un statut légal à l'Église réformée.
Le duc de La Force fit ensuite de Bergerac une ville prospère en édifiant un château et de belles demeures, dont l'élégante Maison Peyrarède.
À la mort d'Henri IV, le vendredi 14 mai 1610, Bergerac se trouva au centre des troubles qui menaçaient l'unité nationale.
En 1621, le duc de La Force prit la tête du soulèvement protestant en Périgord. Il défendit Montauban contre Louis XIII auquel il se soumit finalement contre l'octroi du Maréchalat. Ainsi, Louis XIII put faire une entrée solennelle dans Bergerac le 13 juillet 1621 après avoir promis le pardon.
Il reçut des mains des consuls douze barriques de Monbazillac. Malgré son jeune âge, il ne succomba pas aux charmes de Bergerac mais obéit plutôt aux instructions de sa mère, Marie de Médicis.
Depuis la Maison Peyrarède où il logea pendant quatre jours, du 13 au 17 juillet 1621, il signa l'ordre de démolition des remparts et du château et accorda aux moines Récollets le jardin du château pour y bâtir un couvent. Il mit ainsi un terme à la prospérité de Bergerac. Mais, malgré les dragonades de 1681 et la destruction du Grand Temple, les Bergeracois persistèrent dans la religion réformée.
En 1685, sous Louis XIV, la Révocation de l'Édit de Nantes remit le feu aux poudres dans une région déchirée par des années de guerre de religion : au nord, Périgueux et les catholiques ; au sud, Bergerac et les huguenots.
Le 12 décembre 1700, le duc de La Force put annoncer que la ville de Bergerac

Marchand de vin sur un quai - 18ème siècle

s'était convertie. Mais à quel prix !... Beaucoup de protestants avaient tout abandonné pour sauver leur foi et un grand nombre de commerçants, d'industriels, d'artisans avaient émigré, surtout en Hollande, en Allemagne et en Suisse. La Révocation de l'Édit de Nantes priva la France de 300 000 sujets. Trois siècles de commerce du vin avec la Hollande avaient fourni aux Bergeracois les meilleures adresses. Ce fut donc le vin de Bergerac qui servit en quelque sorte de passeport aux émigrés. Une fois établis, ces derniers développèrent le commerce des vins de Bergerac dans toute l'Europe du Nord.

La période hollandaise

Cette période 1650-1750 vit notamment le développement des vendanges tardives associées à la pourriture noble.
Les exportations d'abord fondées sur les vins blancs doux évoluèrent ensuite vers les vins rouges.
En 1672, les consuls instituèrent un contrôle des jauges et des marques des tonneliers. Les charpentiers de barriques juraient de ne fabriquer que la futaille « bonne et marchande à la jauge de la ville ». La jauge de Bergerac était de 92 pots soit une contenance de 208 litres.En 1724, on dénombrait 74 tonneliers à Bergerac, 14 à Saint-Martin, 11 à Montcuq et Monbazillac. Et l'on vit naître à Bergerac, au début du XVIIIème siècle, la notion de « crus ». Leur destination privilégiée les fit appeler « des Marques Hollandaises ». L'expression reste encore vivante aujourd'hui. On peut voir au musée du château de Monbazillac une collection de Marques Hollandaises.
Ainsi, une sorte de hiérarchie de la qualité s'établit avec les marques des propriétaires estampées sur les fonds de barriques et accompagnées souvent du lieu-dit.

Pressoir et vieux chais à Prigonrieux

La fin du privilège de la Vinée de Bergerac

L'Édit du mois d'avril 1776 établit la libre circulation des vins dans le royaume. L'entrée favorisant les vins des bourgeois et ceux de la vinée, le contrôle bourgeois du commerce local des vins, le système de descente avant Noël qui empêchait l'exportation des vins produits en amont de Bergerac et dans de nombreuses paroisses extérieures à la vinée, tout cet ensemble réglementaire s'écroula.

Le marché hollandais avait connu son apogée dans les années 1740-1750 ; l'effondrement général du prix du vin à partir de 1778 provoqua une grave crise dans la décennie qui précéda la Révolution.

Après la proclamation de l'Édit de 1776, Bergerac, de façon contradictoire, réclama le rétablissement du privilège de l'entrée au cas où Bordeaux conserverait son privilège. La sénéchaussée en revanche demanda l'abolition des droits pour que les vins circulent librement dans la ville de Bergerac en exécution de l'Édit.

À l'instigation de Turgot, Contrôleur Général des Finances, la libre circulation des vins fut promulguée par l'Édit d'avril 1776. Il fallut encore vingt ans pour que la Révolution consacre définitivement le principe de la libre concurrence. Pour le Bergeracois, l'Édit royal de 1776 fut un coup du sort aussi funeste que la révocation de l'Édit de Nantes, moins d'un siècle plus tôt.

Encore une fois le salut se trouvait en Hollande. C'était la mode du « Claret » en Europe : vin rouge « clair » issu du mélange de raisins rouges et blancs. Puis les Hollandais, maîtres du négoce, devinrent amateurs de vins rouges corsés et forts, *the black wines*. Les producteurs bergeracois firent évoluer leur vignoble avec des cépages appropriés pour obtenir des vins noirs et alcoolisés issus d'une longue fermentation.

Parfois, à la demande des clients nordiques, la coloration du vin pouvait être renforcée à la baie de sureau. Les

terroirs de la Vinée nord, Mont de Nérat, Rosette, Boisse et Pécharmant, révèlèrent des conditions pédologiques et climatiques particulières, aptes pour la production de ces vins rouges corsés.

Le Julien de 1816

En 1816, le topographe A. Julien établit sur la demande du gouvernement français la première classification des vins en 5 classes, dans sa *Topographie de tous les vignobles connus*.
Les vins blancs de Bergerac – Monbazillac, Saint-Nessans et Sancé – figurent en 2ème classe au même niveau que le vin de Langon et de Cérons, immédiatement après les Sauternes et Barsac.
Les vins rouges de Bergerac – Terrasse, Pécharmant, Les Farcies, Campréal et Sainte-Foy des Vignes – figurent en 3ème classe au même niveau que Pauillac, Margaux, Saint-Estèphe et Saint-Julien.

Le phylloxéra

Malheureusement, cette belle prospérité du vignoble allait être stoppée net par un véritable cataclysme : le *phylloxéra vastatrix* fit son apparition à partir de 1865, importé avec des plants américains.
La destruction du vignoble par cet insecte dura jusqu'en 1890. En Dordogne, le vignoble tomba de 107 000 à 2 180 hectares.
L'éradication de la maladie ne put se faire que par la reconstitution du vignoble en utilisant des porte-greffes américains résistants.
En Dordogne, seul le Bergeracois réussit cette reconstitution en replantant 10 000 hectares grâce au travail efficace d'un pépiniériste bergeracois, monsieur Perdoux, qui sut greffer des boutures de plants français sur les plants américains. Le reste du département se reconvertit dans la culture du tabac, du noyer et de la truffe. Ce fut aussi pour beaucoup le basculement vers le monde moderne, accéléré par la guerre de 14-18.

Pigeonnier dans les vignes de Malfourat

La nouvelle conquête

Il ne s'agit pas d'une conquête par les armes, mais d'une « conversion des âmes avilies », c'est-à-dire d'un centre d'influence sur les paroisses d'une juridiction déterminée. Le district de la nouvelle conquête comprenait, rive droite de la Dordogne, les juridictions du Fleix, Ponchapt, Montazeau, Gurçon, Montravel et, rive gauche Sainte-Foy, Théobon, Puychagut, Villeneuve, Duras, Gensac, Civrac, Rouzo, Pujol. Ce district jouissait de l'entrée de leurs vins dans Bordeaux et de l'identité de jauge. Les vins de Bordeaux comprenaient au début du XVIème siècle les vins de Graves, les vins de Médoc, les vins du Blayais et les vins de la nouvelle conquête. La sénéchaussée de Guyenne était une circonscription administrative de Bordeaux selon le *Livre des Statuts de Bordeaux* de 1541. Ainsi le partage de cette zone viticole constituait un des produits les plus litigieux de la genèse des appellations de Bordeaux et de Bergerac car, d'après la loi, du 5 août 1908 « la délimitation doit être faite sur la base des usages locaux et constants. » Après de nombreux procès, enquêtes et expertises, les portes se fermèrent aux limites administratives et l'arrondissement de Bergerac finit par être exclu, délimitant ainsi les vins de Bordeaux au seul département de la Gironde. Du coup, le canton de Duras, qui était en Lot-et-Garonne, fut contraint de faire cavalier seul.

« 35 ans de querelles pour exclure Bergerac des vins de Bordeaux »

Pour enrayer la crise de 1900 due à la surproduction, le gouvernement prit l'initiative de réprimer les falsifications par la loi du 1er août 1905 préconisant l'organisation de la répression des fraudes.

Trois ans plus tard, la loi du 5 août 1908 délimita les zones d'appellation qui, pour les vignobles, devaient être la Champagne, la Bourgogne, le Cognac et le Bordelais.

En Gironde, ce fut en application de l'arrêté du ministre de l'Agriculture J. Ruau, du 17 avril 1907, qu'une commission fut chargée de la délimitation de la région Bordeaux. Les délégués de la Dordogne et du Lot-et-Garonne demandèrent l'inclusion dans la zone

Bordeaux de leur département pour leurs arrondissements respectifs de Bergerac et de Marmande. Ils pouvaient compter sur l'appui du Président de la République, Armand Fallières, originaire du Lot-et-Garonne. Sur sa probable intervention, le ministre de l'Agriculture chargea en avril 1909 trois inspecteurs généraux de l'Administration d'un nouvel examen du dossier.

Ainsi, d'après leur rapport, le Conseil d'État délimita en août 1909 la zone des vins de Bordeaux incluant 41 communes de Dordogne et 22 du Lot-et-Garonne. Ce décret ne contenta personne, ni les Girondins, ni les autres départements peu satisfaits du rétrécissement du nombre de communes. Dans l'impasse, le ministre chargea le préfet de procéder à une enquête ayant pour objet de déterminer les communes dont les vins avaient droit à l'appellation « suivant un usage local et constant ». C'est la thèse des Girondins qui l'emporta et le décret du 18 février 1911 délimita la région Bordeaux en l'assimilant au département. De nouveaux rapports furent produits pour les deux départements exclus puis, le 30 juin 1911, le nouveau ministre de l'Agriculture, Pams, déposa un projet de loi instituant la méthode de délimitation par la voie « judiciaire » et non plus « administrative ». C'était ainsi le début de la notion d'appellation d'origine qui intégrait une notion qualitative.

Ce projet, dit « Pams-Dariac », ne vint à la Chambre que le 17 février 1913 et la déclaration de guerre du 1er août 1914 le laissa en suspens. La paix revenue, le rapport Jenouvier fut adopté le 6 mai 1919. La France avait enfin un statut des appellations d'origine. L'esprit de la loi avait changé en laissant aux producteurs la prérogative de déterminer les indications d'appellation d'origine.

Après la crise mondiale de 1929, la viticulture vit naître en 1935 la législation sur les « Appellations d'Origine Contrôlées », toujours en vigueur aujourd'hui.

Les vins de Bergerac eurent à subir

des problèmes d'identité vis-à-vis de Bordeaux. Ils devinrent AOC Bergerac en 1936 lors de la création des Appellations d'Origine Contrôlée sur le principe des frontières administratives. À tout seigneur, tout honneur... Monbazillac fut reconnu dès 1936 puis, progressivement, la totalité des douze appellations de Bergerac.
Plus récemment ils furent rattachés à la région économique Aquitaine. Ils composent aujourd'hui l'autre grand vignoble.

Le paysage viticole depuis un siècle

Deux grands cataclysmes viticoles marquèrent ce siècle et transformèrent le paysage viticole par suite d'une profonde modification de la conduite de la vigne : le phylloxéra en 1873 et les gelées de 1956.
Les vignes furent replantées en *règes* (rangs) à la densité de 10 000 pieds/hectare, soit 1 mètre sur 1 mètre. Dès 1900 le vignoble redevint très prospère et on dénombrait en 1929 près de 45 000 hectares en Dordogne.
Il faut noter que la période d'entre les deux guerres fut très instable pour l'agriculture française en général : crise viticole de 1907, guerre de 14-18, seconde guerre mondiale.
Il y avait aussi deux viticultures : celle des plants greffés pour les vignobles de qualité comme Bergerac et celle des hybrides pour le vin boisson des fermes de polyculture. Ainsi certaines vignes étaient conduites en Joualles, c'est-à-dire que les rangs étaient plantés deux par deux séparés par des *joualles* de « 7 enjambées » (10 mètres) car ces joualles étaient cultivées en polyculture : céréales, plantes fourragères ou vergers. Pour mémoire, une enjambée correspondait au geste du semeur qui comptait jusqu'à sept puis jetait son grain.
En 1936, lors de la création des appellations, le vignoble était conduit en vignes basses à une densité de 5 000 pieds/hectare, soit 180 x 110 mètres.
À l'époque les vignes étaient chaussées en hiver et déchaussées au printemps avec la décavaillonneuse tirée par les bœufs liés par le joug, puis plus tard par le cheval, et enfin par le tracteur. Même processus pour les autres travaux de la vigne, notamment la sulfateuse ou la soufreuse. On sulfatait avec

la bouillie Perdoux (Éts Perdoux, rue Sainte-Catherine à Bergerac), qui était un dosage de chaux et de sulfate de cuivre et on soufrait à la « cafetière » avec du soufre cuprique additionné de cuivre.

Les choses changèrent en 1956 avec les gelées d'hiver qui détruisirent le vignoble, suivies pendant trois autres années de gelées de printemps qui amputèrent les récoltes des vignes survivantes. Fort de l'expérience d'autres vignobles plus nordiques, le vignoble de Bergerac fut replanté en vignes hautes. En effet, les vignerons avaient constaté que la vigne haute était moins sensible aux gelées de printemps car le froid est moins vif au-dessus de 50-60 cm du sol.

Selon la méthode de l'autrichien Lenz Moser, le vignoble de Bergerac fut transformé en vignes hautes et larges, d'autant plus que la mécanisation imposait de nouvelles contraintes.

Certains arrachèrent un rang sur deux, ce qui ramena la densité à 2 400 pieds/hectare, soit 3,60 x 1,10 mètre, et les vignes jeunes étaient plantées à 3 000 pieds/hectare, soit 3,30 x 1,00 mètre.

Les vignes étaient montées sur fils de fer tendus et la taille était adaptée en conséquence. Ainsi le vignoble de Bergerac changea de physionomie. De plus, l'orientation des rangs évolua progressivement en prenant le sens de la pente alors que du temps du cheval les vignes étaient plantées horizontalement pour épouser le contour des coteaux, ce qui évitait l'érosion.

Une autre transformation apparut quelques années plus tard avec le désherbage chimique à l'origine de la non-culture des vignes hautes.

Aujourd'hui, en 2000, nous sommes en train de vivre le processus inverse avec un retour à la densité d'origine de 5 000 pieds/hectare.

Encore une fois, l'histoire se répète...

Les Passions du Renouveau

« Il n'y a que les passions qui puissent élever l'âme aux grandes choses »
Diderot

Le vignoble bergeracois constitue un véritable patrimoine avec son histoire et ses influences marquantes sur la chronique des hommes, l'architecture et les mentalités.
Le vignoble bergeracois est riche de personnages passionnés par leur travail, épris de leur région et heureux de partager leur enthousiasme avec ceux qui viennent découvrir le Périgord Pourpre. Certains sont viticulteurs depuis des générations, d'autres depuis un coup de cœur. Ils sont périgordins de pure souche, ou ont connu d'autres horizons, d'autres pays, avant de se consacrer à ces vins hors du commun.
Le déclic est d'abord venu de l'Interprofession qui a recomposé son Conseil d'Administration avec l'arrivée d'une nouvelle classe d'âge et qui a restructuré ses services pour plus de transparence et surtout plus de dynamisme.
Depuis 10 ans déjà le CIVRB avait mis à la disposition du vignoble un laboratoire de qualité avec des œnologues renommés qui se sont depuis installés à leur compte, comme Daniel Hecquet, (Château Puy-Servain), Bruno Bilancini (Château Tirecul La Gravière à Monbazillac) et Jean-Marc Dournel (Domaine des Costes à Bergerac), ce dernier ayant apporté de nouvelles méthodes et véritablement insufflé un nouvel état d'esprit à l'origine du renouveau qualitatif du vignoble.
La relève est assurée depuis 1998 par une nouvelle équipe tout aussi performante : Pierre Guérin, Régis Lansade et Thierry Heydon. Les œnologues et les laboratoires privés ne sont pas en reste et défendent les mêmes valeurs : Jean Chagneau, Marc Blanc, etc.
Parallèlement, des hommes passionnés ont su émerger du vignoble pour faire bouger les vins de Bergerac.

L'âme retrouvée des liquoreux

En 1977, c'est Jacques Blais qui, le premier, a décidé de produire un Monbazillac, Château Haut-Bernasse, selon la tradition ancestrale, montrant ainsi l'exemple à toute une génération qui avait oublié les valeurs rigoristes de leurs ancêtres !
Le salut vient souvent de l'extérieur... Jacques Blais, diplômé de l'École Supérieure de Commerce de Paris, arrive sans préjugé car il ne se destinait pas vraiment à la viticulture.
En 1992, Bruno Bilancini œnologue de la cave de Monbazillac puis du CIVRB, s'installe à son tour avec son épouse Claudie au Château Tirecul La Gravière, à flanc de coteau du château de Monbazillac. Le résultat, fruit de l'audace, du savoir et du respect du raisin, lui vaut les plus grandes récompenses et surtout la reconnaissance admirative de ses pairs, le tout couronné par la note

CIVRB

faramineuse de 100 sur 100 de Robert Parker !

Depuis lors, plusieurs viticulteurs de Monbazillac s'investissent pour rejoindre l'élite. Certains viennent encore une fois de l'extérieur comme Thierry Després (Domaine de Grande Maison). D'autres sont enracinés depuis des générations comme François Gérardin (Château Le Fagé), Laurent de Bosredon (Château Bélingard), Pierre Alard (Château Theulet), Christian Roche (Domaine de l'Ancienne Cure), Francis Borderie (Château Les Barses), Alain Sergenton (Domaine du Haut-Montlong), Marc et René Labaye (Domaine de Pécoula).

Ils glanent les médailles dans les concours et font les titres des magazines spécialisés.

Dans la foulée, le Syndicat de Monbazillac doit se ressaisir. Après une période de crise, une grande réunion a lieu le 24 août 1997 sous la présidence de Michel Delpon (Président du CIVRB) et l'appellation Monbazillac voit la naissance d'un nouveau syndicat et l'élection d'un nouveau président, Edgard Gouy. Le même jour, ce syndicat vote l'application du décret du 2 octobre 1992 réduisant le rendement à 27 hectolitres par hectare exclusivement par vendanges manuelles et tries successives. Monbazillac a enfin retrouvé son âme ! Les années qui viennent le démontreront...

Les blancs secs bénéficient eux aussi de progrès qualitatifs considérables du fait des travaux menés tant en matière de conduite de la vigne que de la vinification facilitée par la technologie : maîtrise du froid, macération pelliculaire, fermentation et élevage sur lies, etc.

Enfin, les vins rouges n'ont pas attendu que Monbazillac règle ses problèmes. Des hommes ont aussi émergé sous la férule des meilleurs œnologues. Tout d'abord, Luc de Conti (Château Tour des Gendres) qui, dès 1987, fait naître un grand Bergerac rouge. Passionné, exigeant, pragmatique, perfectionniste, pionnier du microbullage, de l'élevage en fût après longue cuvaison, chantre

de la biodynamie, il prône un retour au travail de la vigne en phase avec le terroir.
Lui aussi fait école et tout le vignoble emboîte le pas de la qualité, tant en Bergerac et Côtes de Bergerac qu'à Pécharmant.
Encore une fois, les plus réactifs viennent de l'extérieur. Certains arrivent de l'étranger et notamment d'Angleterre comme Henry Ryman (Château La Jaubertie), Philippe Mallard et Marianne son épouse vendéenne (Château Pique-Sègue), Olivia Donnan (Château Masburel) ; du Pays de Galles : Richard Doughty (Château Richard), Charles Martin (Domaine de la Colline) ; de Belgique comme Bruno Fauconnier (Château La Tilleraie).
D'autres sont tout simplement des œnologues qui appliquent leurs propres méthodes comme Daniel Hecquet (Château Puy-Servain), Jean-Marc Dournel (Domaine des Costes) ; encore des négociants comme Jean-Paul Marmin (Château la Barde des Tendoux).
Enfin, les autochtones ne sont pas en reste. Une nouvelle génération, formée dans les écoles d'agriculture et autres instituts d'œnologie, arrive à point nommé pour reprendre les propriétés familiales. Ils sont légion dans les appellations Bergerac et Pécharmant. De ce fait, je ne peux citer que ceux qui ont insufflé en parallèle une dynamique sur le plan syndical et interprofessionnel : Pierre-Jean Sadoux (Château Court les Mûts), Michel Roches (Domaine du Haut Pécharmant), Xavier de Saint-Exupéry (Château de Tiregand), Serge Dubard (Château Laulerie), Gilles Barde (Château Le Raz), Philippe Biau (Château de la Malleviellle), Christian et Jean-Marie Vallette (Château Roque-Peyre), Jean-François et Sylvie Deffarges (Château Moulin Caresse).
Cette liste ne fait que s'allonger au fil du temps... et c'est tant mieux !
Toutefois, pour ne pas faire de jaloux, je citerai en exemple le plus jeune (tout juste la trentaine) de la génération montante : David Fourtout (Château Les Tours des Verdots). Sur un terroir exceptionnel, il produit et élève un vin exceptionnel et vient de construire un chai tout aussi exceptionnel.

Chais du château de Tirecul la Gravière

CIVRB

2 Grands Châteaux pour Grands Terroirs

Monbazillac

Élégant et superbe en sa robe de pierre
Au sommet du coteau, prince des alentours
Majestueux et fier en ses nobles atours,
Le château n'a connu ni combat, ni rapière.

Épargné dans le temps par tous les lance-pierre
L'équilibre et la grâce enveloppent les tours
Et le chemin de ronde en de simples contours
Rêve ou réalité charme notre paupière.

Girouette des toits, fenêtres à meneau
Du début Renaissance, il en porte le sceau
Mais au-delà de l'art, de sa magnificence.

Il abrite en caveau le secret d'un grand vin
Que tout homme de goût apprécie et encense
Et du Monbazillac, il reste le levain.

René GROSSOLEIL

Historique

Le plateau naturel sur lequel est aujourd'hui implanté le célèbre château de Monbazillac offre un des plus beaux et des plus vastes panoramas qui puissent être sur la vallée de la Dordogne et le pays de Bergerac.
Peu d'éléments l'attestent, mais tout laisse à penser qu'à l'époque gallo-romaine sur ce même emplacement existait déjà un castrum. Des fouilles entreprises en 1832 sur les terrasses sud et ouest de la bâtisse actuelle ont mis à jour quelques sarcophages de l'époque mérovingienne mais aussi et surtout des monnaies à l'effigie d'Adrien et de Nerva remontant au premier siècle de notre ère.
Plus tard, sans doute, profitant de cet emplacement stratégique, une motte féodale est érigée sur ce mont. Des voies empierrées qui traversent encore aujourd'hui la cour d'honneur du château remontent à ces temps lointains. Site stratégique de premier plan qui commande l'accès de la vallée de la Dordogne et contrôle indirectement le trafic commercial sur la rivière, le site de Monbazillac s'inscrit dans un système militaire qui, d'une berge à l'autre, renvoie au château de Tiregand puis à celui de Piles et enfin à Baneuil où la vallée se resserre.
La situation des lieux ne laisse pas les seigneurs locaux indifférents et les Rudel,

RESTAURANT

Château de Panisseau - XIIIe siècle

cousins des Talleyrand, comtes de Périgord auxquels ils rendent hommage au XIe siècle, en sont bien conscients. Seigneurs de Bergerac, Monbazillac et Montcuq où ils possèdent leur château, ils accroissent leur fortune et leur pouvoir par une habile politique de mariage qui les voit s'allier à la puissante Maison d'Angoulême (XIIe siècle) puis aux Turenne-Limeuil, seigneurs de Lanquais (XIIIe s.), aux Riberac et aux Pons.

Jalousés et craints, ils incitent bien malgré eux le roi Philippe VI, premier des Valois, et le comte de Périgord, Roger Bernard, à les combattre et finalement à se partager en partie leurs possessions en 1339.

La châtellenie de Montcuq est ainsi démantelée et passe aux seigneurs de Périgord puis aux d'Albret et enfin aux Salignac.

Tout reste inchangé jusqu'en 1525, date à laquelle Françoise de Salignac, baronne de Montcuq, apporte ce fief en dot à son mari François d'Aydie. Fils d'Anne de Pons-Rudel, ce dernier rejeton de l'illustre et antique maison des seigneurs de Bergerac avait réussi à conserver la terre de Monbazillac. Par ce mariage il rattache à nouveau dans un destin commun les terres de Montcuq et Monbazillac. Son fils Charles, soucieux de relever les ruines de la Maison des Rudel et de marquer sa puissance sur la ville fortifiée de Bergerac, décide la construction du château qu'il est encore possible de voir aujourd'hui. Les travaux débutent vraisemblablement vers 1550, et en 1582 l'ensemble est achevé comme l'atteste un précieux document conservé dans les archives du château. En 1600, enfin, Monbazillac conquiert son autonomie en devenant le chef-lieu d'une juridiction de huit paroisses.

Cette nouvelle ascension pour la descendance des Rudel est cependant une

Château Pecany à Pomport

fois de plus interrompue par un simple revers de fortune qui oblige le cadet de Charles à vendre ses possessions à un capitaine d'Henri IV.
Celui-ci conserve au château son état actuel mais lui apporte en revanche des lettres de noblesse en faisant ériger ses terres en vicomté par le roi Henri. Le seigneur de Monbazillac a également droit de haute, moyenne et basse justice sur les âmes de ses paroisses et reçoit à la même époque droit de « réédifier potence et fourches patibulaires à quatre piliers ».
Le château change encore souvent de main avant d'être racheté en 1960 par la cave coopérative de Monbazillac. Exploitant déjà les vignes du domaine, cette société de viticulteurs réunis depuis 1940 fera valoir son droit de préemption au moment de la vente et transformera l'antique bâtisse en musée au service du vin de Monbazillac.
Si rien, ou presque, n'a changé depuis le XVIe siècle, une récente étude menée par mademoiselle Chantal Dauchez a permis de mettre en lumière les travaux d'embellissement qu'avait entrepris au XVIIIe siècle l'un des multiples propriétaires du château. Les bois environnants, alors principalement dévolus aux plaisirs de la chasse, avaient dû reculer pour laisser place à un élégant parc en partie à la française où des terrasses permettaient d'admirer le paysage alentour et où des murettes encore debout protégeaient un agréable jardin dominé par un pigeonnier servant de resserre au jardinier. De ce temps, peu de restes, puisque la vigne omniprésente assaille désormais le château.
Deux constantes subsistent cependant : l'appartenance quasi systématique des différents propriétaires de Monbazillac à la religion protestante, en parfaite concordance avec l'histoire du Bergeracois, et la conservation parfaite du château, dont pas une pierre n'a été

modifiée depuis sa construction par les d'Aydie.
Édifié en pierre calcaire grise fréquente dans la région de Bergerac, le logis est un puissant rectangle cantonné de quatre tours cylindriques, profondément ancré dans la roche des fossés qui l'entourent. Un pont de pierre plus récent permet aujourd'hui d'accéder à l'unique entrée.
Mélange harmonieux d'architecture militaire moyenâgeuse, déjà dépassée pour l'époque, et d'influence italienne bien timide si on songe que Chambord a déjà près de quarante ans quand Monbazillac est achevé, l'ensemble est équilibré, à taille humaine et profondément séduisant. Les toitures de tuiles plates qui couvrent les cinq pavillons, fruits d'une charpente recherchée, servent de faire-valoir aux lucarnes d'inspiration Renaissance et de reposoir pour des girouettes lysées qui ajoutent au charme des lieux.
En 1953, le domaine est alloué en fermage à la cave coopérative de Monbazillac qui en devient propriétaire en 1960. Une nouvelle histoire commence alors pour le prestigieux édifice et son vignoble. Outre le restaurant, et le pavillon d'accueil aménagé pour la dégustation et l'achat de ses vins, la cave a accompli depuis un véritable travail de mécénat en créant, au cœur du château et dans ses jardins, un ensemble culturel et touristique unique dans la région. Aujourd'hui on peut y admirer un musée de la vigne et du vin, du meuble périgourdin, de l'histoire du protestantisme et des mille et

Château de Sanxet

un châteaux du Périgord. Dans les jardins, le « conservatoire ampélographique du 45° parallèle » réunit une collection unique au monde, présentant tous les cépages existants dans les 22 pays situés sur cette latitude.

Le patrimoine de Monbazillac

Cinq communes seulement : Monbazillac, Saint-Laurent-des-Vignes, Pomport, Rouffignac de Sigoulès et Colombier.
Le château de Monbazillac domine tout le vignoble.
Commencez votre parcours en traversant le village. Après avoir visité quelques châteaux viticoles tout autour, poursuivez vers Pomport en passant par le moulin de Malfourat, point culminant du terroir de Monbazillac.
Moulin de Malfourat : le moulin de Malfourat offre un panorama unique sur le Bergeracois. Il figure sur toutes les cartes routières comme point de panorama remarquable. Mais la bâtisse en mauvais état n'est plus ouverte au public. Il fait partie des quelques lieux touristiques bergeracois qu'il ne faut pas manquer. Ce moulin, fort ancien puisque cité dans un document de 1495, délimitait la vinée de Bergerac. Construit à l'endroit le plus élevé du coteau (188 mètres), il a une hauteur bâtie de huit mètres avec des murs en bloc réguliers de quatre-vingt-dix centimètres d'épaisseur. Au pied du moulin s'étale tout le vignoble de Monbazillac et si on accède au sommet, une terrasse et une table d'orientation permettent de découvrir un panorama exceptionnel. On peut y suivre au nord la plaine de la Dordogne. La ville de Bergerac s'y dessine au premier plan. La vue y est également splendide vers le Lot-et-Garonne.

Sur la ligne de crête qui rejoint Pomport, vous découvrirez de nombreux châteaux viticoles comme le château Le Fagé fiché au sommet du coteau couvert de vignes, ou encore le château de Sanxet, manoir du XVe siècle construit sur l'ancienne forteresse de Sanxet édifiée par les Anglais en 1280. Il appartient à la famille Sanxet depuis 1619 et son vin a été classé grand cru

Château de Bridoire

par le Julien de 1816. On peut visiter un musée de vieilles voitures ainsi que les cuves à même le souterrain qui reliait le château à la forteresse de Montcuq.

Plus loin, on peut observer la colline de Montcuq où se trouvait la forteresse qui protégeait l'accès à Bergerac. Revenez vers Pomport par la petite chapelle romane de Saint-Mayne perdue dans les vignes. Vous observerez depuis Pomport le château Pécany qui domine le village de sa belle façade verdoyante. Sur la place du village, vous pourrez admirer une sculpture, « cep de vigne », rappelant ainsi que Pomport est la plus grande commune viticole du Bergeracois avec 1 200 hectares de vignes.
Remontez par Rouffignac de Sigoulès où se trouve une grotte profonde découverte en 1875 et rejoignez Colombier pour y voir le château de la Jaubertie qui avait été offert par Henri IV à Gabrielle d'Estrées pour ses gentillesses.
Descendez maintenant dans la vallée et suivez la route au bas du coteau où sont également de nombreuses propriétés viticoles au pied du château de Monbazillac. Vous passez à Saint-Laurent-des-Vignes où se trouve la cave coopérative de Monbazillac. Vous pouvez terminer votre visite en continuant la route du bas du coteau pour admirer l'alignement des vignes.

Le terroir de Monbazillac

Sa caractéristique particulière est d'être orienté au nord. Les sols sont situés entre 50 et 180 m d'altitude. Ils sont de nature argilo-calcaire à forte teneur en argile. Ce sont des terreforts calcaires ainsi que les bat-flanc des coteaux dans la vallée du Seignal, du Dropt, de la Gardonette et de la Dordogne sur sa rive gauche.
Le vignoble de Monbazillac jouit d'un micro-climat particulier. Au début de l'automne, la proximité de la Dordogne favorise l'alternance quotidienne de brumes matinales et d'après-midi ensoleillées. L'humidité pendant cette période encore chaude permet la formation du microscopique champignon *Botrytis Cinerea* qui provoque une réduction du volume à l'intérieur du grain de raisin et modifie sa nature en augmentant sa teneur en sucre.

Cépages

Le Monbazillac est un vin dit d'assemblage car il nécessite le mariage de trois cépages.
Le sémillon est cultivé en raison de son aptitude à développer la pourriture

noble, de ses arômes subtils, de son ampleur en bouche. Le sauvignon apporte une touche de fraîcheur et de vigueur. La muscadelle donne des vins très ronds et très parfumés.

Vendanges et vinification

Les grappes botrytisées ont la particularité de présenter des grains à maturités diverses ; cela implique une vendange manuelle et patiente pour récolter seulement les parties surmûries, par tries successives pour laisser aux autres grains le temps de rôtir.
La qualité du produit dépend de la qualité du fruit et la technologie intervient peu sur le produit final. L'extraction du jus est capitale. Elle doit être douce et progressive pour permettre de presser les raisins les plus secs, les meilleurs, sans créer trop de bourbes.
Les raisins sont donc pressés immédiatement à l'arrivée au chai. Le moût obtenu est débourbé à froid ou à température ambiante. La fermentation se déroule soit en cuve, soit en barrique jusqu'à l'obtention de l'équilibre alcool/sucre désiré.

La maturation ou élevage

L'élevage est très important car le Monbazillac, comme tous les vins de garde, demande une longue maturation. Cet élevage se fait souvent en cuve, mais il est aussi pratiqué en barrique. Les liquoreux comme les vins rouges nécessitent un apport d'oxygène régulier pour l'évolution de la couleur et des arômes.
C'est après 12 mois minimum que le vin est mis en bouteille. Il lui faudra encore attendre avant d'atteindre sa plénitude.

Les conseils du sommelier

On peut déguster le Monbazillac jeune mais il gagne toujours à vieillir en cave. Un Monbazillac de 15 à 20 ans d'âge est un trésor dont il faut savourer longuement les nuances de fruits et d'épices. Ce liquoreux atteint sa maturité au bout de 3 ans et se conserve longtemps (parfois jusqu'à un siècle dans de bonnes conditions de stockage). Le Monbazillac doit être servi frais mais surtout pas frappé. La température idéale se situe entre 6° et 8°.
Naturellement, le Monbazillac dévoile tous ses charmes avec les foies gras d'oie ou de canard.
Il se révèle délicieux sur le melon, les viandes blanches, les poissons en sauce et les fromages à pâte persillée.
Il sait aussi se faire aimer l'instant d'un dessert léger et parfumé en compagnie d'amies de longue date, les fraises. Mais c'est pourtant seul et frais, à l'heure de l'apéritif, qu'il gagne à être connu. Les millésimes remarquables sont : 1947, 1949, 1966, 1967, 1975, 1989, 1990 et 1995.

Pigeonnier du Château de la Jaubertie

Saussignac

Le Château de Gageac

Ce château est un des plus importants du Sud Bergeracois. Il domine la vallée au milieu des vignes et sa situation fut choisie pour être la plus forte avancée du château de Duras car il appartenait aux ducs du même nom.
Son architecture aux lignes imposantes fait de ce château-fort un des plus harmonieux du Périgord Pourpre, avec son donjon carré du XIe siècle.
Il fut occupé par les Anglais et en 1360, sous Charles V, Du Guesclin en fit le siège et l'enleva.
En 1650, il fut agrandi par l'adjonction d'une tour supplémentaire avec un second mur d'enceinte.
Il fut transformé en habitation par les Gaillard de Durfort, puis par les Essenault de Castelnau, ensuite par les du Rellus. Enfin, les Doussaut de la Primaudière et leurs descendants, les de La Verrie de Vivans, l'occupèrent durant plus de six générations.
Ami d'Henri IV, Geoffroy de La Verrie de Vivans fut blessé à la bataille de Coutras. Il possédait également les châteaux de Siorac et Doissac et fut amené à combattre avec succès les catholiques de Sarlat et Périgueux comme successeur de Clermont de Piles.
Ce château est aujourd'hui inscrit aux Monuments Historiques, ainsi que sa plantation de mûriers. En effet, ces mûriers ont une histoire et furent plantés à l'origine pour l'élevage des vers à soie (sériculture) qui fut très florissant à l'époque. Les vignes furent plantées en 1928 en joalles avec pruniers intercalés.
Aujourd'hui, Pierre de La Verrie de Vivans habite le château et son fils Jean a fait l'acquisition du château Jeanbrun.

Le Château de Saussignac

Tout commence toujours par une légende et Saussignac n'échappe pas à la règle. Dans son *Tiers-Livre*, Rabelais, le plus gaulois de nos auteurs, installe à Saussignac des moines Lurs dont les mœurs guerrières expéditives ont laissé des souvenirs amusés dans la mémoire de tous les écoliers de France.
Pourtant, à y regarder de plus près, tant sur le terrain que dans les archives, aucune trace, aucun témoignage ou bribe d'indice ne permet d'attester la présence d'un tel monastère en ces lieux. La position dominante du village qui surplombe un des vignobles typés du Bergeracois avait sans doute inspiré à notre auteur ce pieux mensonge. Dominé aujourd'hui par un château imposant datant du XVIIe siècle et à la rigueur toute janséniste, l'histoire de Saussignac n'aurait en rien déplu à Frère Jean des Entommeurs, le plus rabelaisien de nos moines.
Composé de trois vastes corps de logis formant « U » et rythmé de deux pavillons en surélévation qui devaient répondre à une lanterne en façade aujourd'hui disparue, le château actuel n'est que le deuxième, voire le troisième, à occuper ce tertre.
Siège d'une ancienne baronnie composée des paroisses de Saussignac, Razac, Monestier et Sainte-Croix, cette seigneurie entre, en 1286, dans les possessions de la Maison d'Estissac par un don de Marguerite de Turenne, dame de Bergerac. Après trois siècles d'une relative tranquillité, un méchant duel met fin à la vie du dernier seigneur d'Estissac, Charles, ultime rejeton d'une illustre lignée dont les racines familiales se situent, selon les érudits, près de Villamblard.
Seule héritière de Charles, sa sœur fait un puissant mariage en 1587 et apporte la terre de Saussignac dans l'escarcelle des La Rochefoucauld, déjà propriétaires dans la région d'une bonne partie des deux rives du Dropt, et repré-

Château de Saussignac

sentant de la plus fine fleur de la noblesse de France.

Descendant de cette alliance, Louis-Armand de La Rochefoucauld est élevé à la dignité de duc en 1737 par Louis XV, et relève en souvenir de son aïeule le nom d'Estissac toujours porté aujourd'hui par une des branches de cette antique famille.

Saussignac passe ensuite, par succession occulte, à Gabriel Nompar de Caumont, comte de Lauzun et père du célèbre « Beau Lauzun », amant de la Grande Mademoiselle, cousine de Louis XIV.

Gabriel ruina ce qui restait de l'ancien château des Estissac et entreprit la construction de l'actuelle bâtisse dans la seconde moitié du XVIe siècle. Le chantier débute en 1560 pour n'être que partiellement achevé en 1620, en pleines Guerres de Religion. La région est particulièrement marquée par le massacre de la Saint-Barthélemy (1572) et les nombreuses guerres locales entre Protestants et Catholiques ainsi que par la promulgation de l'Édit de Nantes en 1598, largement inspiré des textes de l'Édit de Bergerac.

Ardent protestant, comme la quasi-totalité des grands seigneurs locaux, Gabriel de Caumont-Lauzun ouvre grandes les portes de son château aux Pasteurs Réformés qui y célèbrent leur culte.

En 1617, alors que les travaux du nouveau château ne sont pas encore achevés, la terre de Saussignac change une fois encore de main et est achetée par

Golf viticole - Château des Vigiers

Pierre de Boisse dont on sait peu des origines. Le sort s'acharne aussi contre lui puisqu'il est assassiné dès 1621 par son propre fils, aidé dans cette sinistre tâche d'intérêt par Savignac d'Eynesse, gendre et beau-frère des précédents. En 1679, la petite-fille de la victime, unique héritière, apporte Saussignac en dot à son mari, François de Pons-Saint-Maurice, descendant des seigneurs de Bergerac et Monbazillac. Le château, dépouillé d'une bonne partie de ses possessions – vendues au fil des changements de propriétaires – reste dans cette famille jusqu'à la Révolution. Il passe ensuite par alliance aux Pourpuis et aux Bois de La Mothe qui finissent successivement les travaux commencés par Lauzun. Le dernier héritier décède en 1826.

Cette longue histoire permet d'admirer aujourd'hui, et de l'extérieur seulement, de nombreux détails qui témoignent de l'évolution des styles architecturaux sur plus d'un siècle. Seules les superbes caves voûtées subsistent des anciens châteaux et Lucien de Malleville écrivait déjà au XIXe siècle que Saussignac était devenu « une banale maison de rapport ».

Aujourd'hui partagés entre plusieurs propriétaires, les appartements seigneuriaux ont perdu de leur superbe, et le parc, qui s'étendait en terrasse au nord et prolongeait une vaste cour d'honneur au sud, a laissé place d'un côté à une classique mais banale rue de village, et de l'autre à la vigne qui ponctue tous les paysages de ce pays. Témoin d'une époque plus fastueuse où Saussignac reçut, selon l'histoire locale, les visites de Brantôme, Montaigne, proche voisin, ou Rabelais, le château révéla un dernier mystère au siècle dernier avant de s'endormir dans la banalité de nos quotidiens. Des travaux d'excavation permirent en effet de mettre à jour un coffret à bijoux consciencieusement enfoui dans les caves. Riche de somptueux diamants et propriété, sans doute, d'une châtelaine protestante des lieux, ce trésor contribua plus que largement à la construction de l'église actuelle de Saussignac. L'Histoire a souvent des raccourcis surprenants !

Le patrimoine de Saussignac

Deux grands châteaux historiques pour un petit territoire. Les deux châteaux s'observent chacun au sommet de sa colline.

Le château de Saussignac domine le

village du même nom. Le château de Gageac est au milieu des vignes sur la commune de Gageac-Rouillac.
Prenez la direction de Razac de Saussignac pour rejoindre Monestier. Vous passerez devant le magnifique Golf des Vigiers, installé dans un château du XVIe siècle, bâti en 1597 par Jean Vigier, juge royal à l'époque (18 trous + hôtel 4 étoiles). À Monestier vous apercevrez le château de la Tour pour revenir par la Bastide via Cunèges, tout en rondeurs et ses épis de faîtage en fer forgé. Poursuivez votre parcours en revenant dans la vallée où se trouve le château Court Les Mûts dont le propriétaire Pierre Sadoux a été le principal artisan de l'appellation Saussignac (1967). Aujourd'hui, d'excellents viticulteurs se sont installés dans ce vignoble et sollicitent à juste titre la création « Saussignac liquoreux ».

Vous terminerez votre périple par le Golf du Clos La Maurigne (9 trous) entouré de vignobles à flanc de coteau face à Bergerac.

Le terroir de Saussignac

Malgré leur proximité géographique, on ne saurait assimiler Saussignac à Monbazillac.
De cette spécificité, les vins de Saussignac tirent leur goût caractéristique. Le terroir de Saussignac s'étend sur les communes de Saussignac, Razac de Saussignac, Monestier, Gageac-Rouillac, sur 900 hectares de vignes blanches pouvant revendiquer l'appellation Saussignac.

Vinification - dégustation

Les vins de Saussignac sont des vins mœlleux mais se conjuguent aussi en liquoreux.

En effet, depuis quelques années, un groupe de jeunes viticulteurs, conscient de cette possibilité produit par dérogation et après constat de l'INAO, un vin blanc liquoreux pour lequel les vendanges sont effectuées par tries successives manuelles avec des raisins arrivés à surmaturation et sans chaptalisation.
Vinifiés en mœlleux, les vins de Saussignac sont équilibrés, souples, et possèdent un arôme subtil de miel, de fleurs (tilleul) et d'agrumes (pamplemousse).
Vinifiés en liquoreux, ce sont des vins amples, riches et gras dont les arômes floraux (acacia) se mêlent intimement à ceux des fruits (pêche) et souvent au fin vanillé des barriques. Très prometteurs, ils peuvent voyager dans le temps de 5 à 10 ans, parfois plus, mais les consommer dans leur jeunesse apporte aussi beaucoup de plaisir.

Château de Gageac

Montravel

Montravel : la révélation d'un terroir historique

Si Montravel est le berceau de Montaigne, il l'est aussi d'une des plus anciennes traditions viticoles. Le nom de Montravel viendrait du latin *In Monte Revelationem* (sur le mont, j'ai eu la révélation). Montravel était le nom d'un petit village fortifié dominant la vallée de la Dordogne.
Longtemps l'histoire de ce vignoble se confondit avec celle de ses voisins bordelais. En effet les dix-huit paroisses du canton de Vélines, ainsi que la commune de Montpeyroux, sise dans le canton de Villefranche-de-Lonchat, constituaient une châtellenie soumise aux seigneurs de Bergerac. Mais celle-ci fut acquise en 1307 par Arnaud de Canteloup, IVe du nom, archevêque de Bordeaux. Cette châtellenie dont le siège était situé à Lamothe-Montravel resta la propriété de l'archevêché de Bordeaux jusqu'à la Révolution. De ce fait la juridiction de Montravel jouissait du privilège spécial de faire entrer librement ses vins à Bordeaux. En 1533, Michel Eyquem de Montaigne, auteur des Essais, naquit sur cette terre dans le beau château qui porte son nom.
Par son jugement du 22 septembre 1922, le tribunal de Bergerac définit les aires géographiques des appellations Montravel, Côtes de Montravel et Haut Montravel telles que nous les connaissons aujourd'hui.Parmi les premiers, les vins de Montravel ont accédé au statut de vins d'appellation d'origine contrôlée en 1937, montrant ainsi l'antériorité des traditions viticoles en Dordogne.

Le château de Montaigne

Il est à peine 19 heures en cette soirée de 1885 quand, brisée par un vent violent, une vitre du château de Montaigne vient heurter une bougie à la flamme vacillante. Ranimé par ce brusque appel d'air, le feu s'étend sans doute à un proche rideau et embrase rapidement la pièce.
Richement meublé de fauteuils capitonnés et de lourdes draperies comme le Second Empire les aime tant, agrémenté de boiseries aux bois secs et de poutres pour la plupart présentes depuis les XVe et XVIe siècles, la bâtisse n'est plus bientôt qu'un monstrueux foyer. Dans le vacarme infernal des bois qui craquent et des flammes attisées par ce vent qui n'en finit pas de souffler, les étages s'effondrent les uns après les autres, les uns sur les autres. Le feu gagne enfin la charpente dont il ne fait qu'une bouchée et qui s'affaisse dans un dernier déchirement qui emporte tout. À peine plus de quatre heures auront suffi au feu pour venir à bout de cette imposante demeure au passé prestigieux, récemment embellie en cette seconde moitié du XIXe siècle, restaurée et agrandie dans un goût apprécié à l'époque. Ne raconte-t-on pas que l'Impératrice Eugénie, à qui l'architecte Garnier présentait les plans du futur Opéra de Paris, se serait insurgée contre cette débauche de pierres aux allures de crème chantilly architecturale. À la question irréfléchie de savoir de quel style abominable, à son sens, il s'agissait, l'Impératrice aux violettes se serait vu répondre avec l'insolence de l'orgueil blessé : « C'est du Napoléon III, Madame ! ».
Tout a commencé en fait en 1860 quand Pierre Magne, enfant modeste du pays, devenu ministre des Finances et intime de l'Empereur, fait l'acquisition de cette terre et des bâtiments qui l'occupent. L'ensemble n'est pas dans le meilleur état et l'indifférence des précédents propriétaires à fait son œuvre. Heureusement, aucun changement dommageable n'est encore intervenu sur le château et ses dépendances ; et il n'est

Façade du château de Montaigne

pas difficile d'imaginer le plus illustre des anciens seigneurs de cette châtellenie déambulant dans les lieux.

L'ensemble, idéalement situé sur une terrasse naturelle qui surplombe la douce vallée de la Lidoire, remonte, pour ses plus anciens bâtiments, au XIVe siècle comme en atteste le très officiel arrêté de classement.

En 1477, un riche négociant de Bordeaux répondant au nom de Ramon Eyquem, fait l'acquisition de ce fief passablement endommagé par les guerres anglaises. Le petit-fils de Ramon, Pierre Eyquem, seigneur de Montaigne, se prend de passion pour ce château modeste et sans défense et obtient de l'archevêque de Bordeaux, son suzerain, droit de rendre le lieu « fort et assuré ». La bâtisse, juxtaposition de logis rythmés de tours et de tourelles, est encadrée de remparts qui viennent rejoindre à l'opposé d'une vaste cour deux tours de défense dont un châtelet d'entrée muni d'une barbacane aux allures de courette.

C'est là que Michel de Montaigne trouve la quiétude nécessaire à son œuvre. S'éloignant volontairement d'une vie publique des mieux remplies, il souhaite aussi s'isoler d'une maison familiale particulièrement bruyante où femme, mère, enfants, personnel et amis empiètent plus que de raison et au-delà du supportable sur son désir de tranquillité et de recueillement propice au travail de l'esprit.

Aujourd'hui ouverte à la visite grâce aux descendants de Pierre Magne, la tour dite « de la Librairie » est un sanctuaire des plus émouvants où l'on retrouve presque intacte, malgré les vicissitudes du temps et des hommes, l'atmosphère que le célèbre philosophe installa en ces lieux. C'est une véritable et passionnante évocation historique et littéraire sur les pas de Montaigne.

Peu enclin à poursuivre l'œuvre de construction, Michel de Montaigne se contente avec talent de faire prospérer le domaine et d'embellir les murs intérieurs de fresques colorées, hono-

Librairie du château de Montaigne

Pages suivantes : vue aérienne du château de Monbazillac

rant par les sujets représentés la mémoire de son père décédé en 1568. Dès lors les bâtiments se figent pour ne plus subir que quelques arrangements de confort tant extérieurs qu'intérieurs. Transmise, après Montaigne, presque exclusivement par les femmes, la seigneurie reste dans la descendance jusqu'en 1811, date à laquelle Jean-André de Ségur-Montaigne la vend.

Jusqu'en 1859, deux propriétaires peu intéressés par les lieux s'y succèdent et ne font rien pour restaurer un château devenu « méconnaissable depuis le début du XIXe siècle et dont les murs d'enceinte supportent d'innombrables baraquements et les toits des trous de passoires ». C'est sans parler de la fameuse tour, diminuée de plus de un mètre, amputée de son campanile et dont la chapelle, si chère au cœur de Montaigne, sert de grenier à betteraves. Les murs des communs, dégradés et à moitié ruinés, font penser à « un tombeau vide ».

Plein d'ambition pour sa récente acquisition, dont il respecte le caractère sacré dévolu à la mémoire du « Grand Homme », Pierre Magne fait ouvrir de nouvelles fenêtres et construire de nouveaux pavillons et de nouvelles tourelles. Il rehausse le château de deux étages et couvre l'ensemble d'ardoises ; il restaure les bâtiments de la cour et les peintures de la chapelle. Enfin, il dégage les allées environnantes et dessine un parc aux perspectives encore majestueuses de nos jours. Fouquet des temps modernes, mais au mieux avec le Prince, il veut donner à sa maison tout le lustre que sa position sociale impose. Il y parvient fort bien et le résultat est impressionnant tant par la grandeur que par la hauteur, sans parler de ce style néo-Renaissance, si prisé à l'époque et si riche de détails...

Au petit matin d'une triste nuit de 1885, le rêve est devenu cauchemar et le château une triste carcasse béante et fumante où les stigmates du sinistre colorent en noir et rouge les ouvertures calcinées des façades en ruine. Les communs épargnés et la tour

Orangerie du château de Montaigne

miraculeusement sauvegardée donnent à la fille de Pierre Magne le courage nécessaire, dès 1886, pour rebâtir ce que le feu a détruit.
Rasé jusqu'aux fondations, l'ancien château disparaît et fait place au nouveau, plus modeste mais d'un style similaire au précédent. Respectant les tracés initiaux de la demeure de Montaigne, c'est aujourd'hui la bâtisse qu'il est possible de voir fermant la cour et faisant face à la tour.
La famille Mähler-Besse, descendant du ministre Pierre Magne, est aujourd'hui propriétaire du château et du vignoble.

Le patrimoine de Montravel, le pays de Montaigne et Gurson

Ce petit pays riche d'histoire semble avoir été longtemps confondu avec le territoire de Bordeaux. S'il est un hôte cependant qui le distingua de son voisin, ce fut bien Montaigne, qui choisit de s'y retirer. Il avait avec le futur Henri IV un ami commun, le comte de Gurson. C'est ainsi que le vignoble de Montravel resta dans les mémoires associé à ces noms illustres.
À tout seigneur tout honneur, nous avons commencé la visite par le château de Montaigne, alors continuons par le village de Saint-Michel de Montaigne qui s'appelait avant Saint-Michel et Bonnefare. Les chapiteaux de l'église portent la croix des templiers qui avaient fondé une commanderie.
Vous êtes à quelques encablures de Lamothe-Montravel qui était le cœur du territoire de Montravel et comptait au Moyen Âge 22 paroisses et une forteresse dominant le coteau.
La forteresse de Montravel fut bombardée en 1622 par le duc d'Elbœuf sur ordre de Louis XIII qui a décidément beaucoup détruit dans notre vallée, notamment les remparts et fortifications de Bergerac. Aujourd'hui, il ne

Ruines du château de Gurson

reste que des ruines dont le dernier pan de mur est tombé récemment (en 1998). Toutefois Montravel a gardé le charme de ses maisons construites au fil de la Dordogne en bordure de l'un de ses plus jolis bras.

Il faut aussi descendre à Lamothe Saint-Paixent, ancien village de pêcheurs, jadis siège d'une importante châtellenie appartenant à l'archevêché de Bordeaux ; vous passerez ainsi devant l'ancien palais des archevêques et sa tour du XVIIe siècle, devenue mairie du village.

Nous sommes aux frontières du terroir girondin et des Côtes de Castillon. Rappelons que la bataille de Castillon s'est déroulée en fait dans la plaine de Côle à Montravel : le monument de Talbot est ainsi érigé en Dordogne, en pleine campagne, sur la petite route qui longe la Dordogne entre Montravel et Castillon-la-Bataille.

Filons maintenant vers l'intérieur des terres en commençant par Montcaret la protestante : un véritable site historique sous-estimé et mal exploité. Tout commence à la préhistoire depuis les silex paléo et néolithiques, puis bien plus tard, l'oppidum celte. Après les Gaulois, ce furent les Romains qui édifièrent plusieurs villas riches de thermes, de mosaïques polychromes, de marbre précieux. Puis les barbares se succédèrent pour saccager villas et monuments : Alamans, Vandales, Wisigoths. Enfin les Mérovingiens réemployèrent des pierres pour construire un prieuré bénédictin et une église romane.

Après les Anglais qui détruisirent le clocher pendant la guerre de Cent Ans, ce furent les protestants qui ravagèrent le prieuré en 1562 pour construire un temple, détruit à son tour après la révocation de l'Édit de Nantes ; les catholiques reconstruisirent alors la chapelle de la Vierge...

Prenons maintenant la D10 pour aller

Ancien palais des archevêques de Lamothe-Montravel

dans le pays de Gurson. Michel de Montaigne avait pour ami le comte de Gurson, Gaston de Foix, installé dans la forteresse de Gurson : le chapitre 37 des *Essais* sur l'éducation a été dédié à Diane de Foix, belle-fille de Gaston de Foix.

Sur la route, vous pouvez visiter les jolis villages de Vélines, Bonneville, Saint-Vivien, Montpeyroux (et son belvédère) pour arriver à Villefranche-de-Lonchat, bastide anglaise, et bien sûr en profiter pour faire des haltes dans les domaines et châteaux viticoles nombreux et dynamiques dans ce terroir très caractéristique : des vins de caractère à l'image des hommes de ce pays. Vous trouverez une cave coopérative dans les principaux villages : Montravel (jumelée à Sigoulès), Saint-Vivien et Bonneville, Villefranche-de-Lonchat, Carsac et Le Fleix.

À côté de Montpeyroux, au Bost Vieux, vous apercevrez le château-église de Mathecoulon qui appartenait à Bertrand, frère cadet de Montaigne. La forêt de Saint-Cloud reliait les deux frères, ceux-ci pouvant apercevoir leurs châteaux respectifs depuis leurs terrasses.

La forteresse de Gurson s'élève à l'horizon telle une sentinelle. Mais ce n'est que ruine imposante postée sur une butte...

Redescendons maintenant vers Port Sainte-Foy en passant par Saint-Méard de Gurson, Fougueyrolles, en faisant le détour par Le Fleix qui se trouve aux limites de trois terroirs : Montravel à l'ouest, Bergerac-Pécharmant à l'est et Bordeaux de l'autre côté de la rivière Dordogne.

Depuis le port vous aurez une très belle vue sur la paisible Dordogne qui négocie un virage, presque un cingle, en s'appuyant sur les fondations du village.

Le terroir de Montravel

À l'extrême ouest du département de la Dordogne, l'aire de Montravel est limitrophe du vignoble de Bordeaux. Ce terroir est une entité spécifique indiscutable. La géologie de ses sols, prolongeant celle des côtes de Castillon et coteaux de Saint-Émilion lui donne vocation à faire d'excellents vins rouges au même titre que des vins blancs très spécifiques recherchés pour leur finesse.

Le vignoble, d'une superficie de 1 747 hectares de vignes rouges et de 1 463 hectares de vignes blanches, s'étend sur 14 communes dont 9 pour l'appellation Côtes de Montravel et 5 pour l'appellation Haut Montravel.

Vins blancs

La production de vins blancs se répartit entre Montravel (sec), côtes de Montravel (mœlleux) et Haut Montravel (mœlleux ou liquoreux par dérogation). Ces vins sont issus d'un assemblage de sémillon, sauvignon et muscadelle. L'ondenc et le chenin blanc peuvent servir aussi à l'élaboration de l'appellation Montravel. Le sauvignon est largement dominant dans les Montravel secs.

Vinification - dégustation :

Les vins AOC Montravel, blancs secs, sont vinifiés selon les méthodes de l'œnologie actuelle (macération, débourbage, fermentation à température régulée). Ce sont des vins très aromatiques, veloutés en bouche, tout en étant bien structurés. Ils peuvent être bus jeunes mais peuvent supporter une à deux années de vieillissement. Fermentés et élevés en barriques neuves ou de premier vin, les arômes sont plus chaleureux et plus veloutés. La structure est puissante et les tanins du bois demandent à évoluer.

Cet effort de vinification et d'élevage mérite que l'on attende 2 ou 3 ans de plus pour déguster ces vins.

Les vins mœlleux AOC Côtes de Montravel sont vendangés en surmaturité et sont élevés pendant 12 à 18 mois. Ils sont légèrement mœlleux et établissent une parfaite transition entre Montravel et Haut Montravel. Ils font merveille à l'apéritif et sur les poissons en sauce.

Les vins issus de l'AOC Haut Montravel sont plus mœlleux, voire liquoreux (ceux-ci sont produits par dérogation obtenue auprès de l'INAO). Fins et suaves, délicieux à l'apéritif, sur le melon ou les poissons en sauce ou encore sur les fromages à pâte persillée, ils possèdent une bonne aptitude au vieillissement.

Vins rouges

Le Montravel rouge est la dernière-née des appellations de Bergerac : le décret a été établi le 10 novembre 2000. La paternité du Montravel rouge revient à Daniel Hecquet qui en avait fait son cheval de bataille lorsqu'il se trouvait à la tête du Syndicat de l'AOC Montravel (lors de sa présidence 1997-1999). La particularité du Montravel rouge est sa densité de plantation qui ne peut être inférieure à 5 000 pieds/hectare.

Quai de Lamothe-Montravel - boucle de la Dordogne

Le château de Garrigues fut conçu et construit par le célèbre acteur de théâtre du XIXe siècle, Jean Mounet-Sully. Dans cette propriété, séjournèrent nombre de personnalités parmi lesquelles sa maîtresse Sarah Bernhardt.

Rosette

Le temps des initiés !

En 1470, la seigneurie de la Baume appartenant à Arnaud Aunet, Comte de la Baume de Forsac, possédait des vignes à l'ouest du ruisseau de la Gouyne sur le chemin de la Bouque à Peymilou (aujourd'hui terroir de Rosette).

Le Rosette fait partie des plus anciennes appellations constituant le noyau des vins de la région de Bergerac. En effet son terroir actuel correspond à l'ancien territoire de la Vinée de Bergerac.

Cette appellation fut reconnue par le décret du 12 mars 1946. Cependant elle disparut pendant un certain temps et il fallut attendre les années 60, avec la venue d'un viticulteur rapatrié d'Afrique du Nord, pour voir restaurée cette appellation oubliée.

Aujourd'hui aussi, il faut être amateur et initié pour dénicher et déguster un Rosette !

Le terroir de Rosette

Le terroir de Rosette est situé au nord-ouest de la ville de Bergerac, sur les versants ensoleillés de la rive droite de la Dordogne à la naissance des coteaux qui suivent la rivière jusqu'au Fleix, Castillon et Saint-Émilion.

La superficie du vignoble pouvant bénéficier de l'appellation Rosette est de 125 hectares. Pour l'instant, seulement cinq viticulteurs ont revendiqué cette appellation susceptible de se développer, compte-tenu des critères de dégustation qui correspondent bien au goût du consommateur en matière de vins mœlleux.

Cépages

Les vins AOC Rosette doivent provenir des cépages sémillon, sauvignon et muscadelle à l'exception de tous autres.

Vinification et dégustation

Les raisins sont récoltés à surmaturité - légèrement botrytisés - puis pressés juste après la récolte. Le moût ensuite débourbé est mis à fermenter en cuves avec contrôle des températures ,ou quelquefois en barriques.

Les Rosette sont des vins blancs mœlleux. Présentant une robe très légèrement paillée, florale et fruitée, ils s'apprécient particulièrement sur des fruits de mer, des entrées à base de champignons ou de truffe ou tout simplement à l'apéritif.

Château de Mounet-Sully

Pécharmant

Le vignoble de Pécharmant est le plus ancien vignoble du Bergeracois. En effet, nous savons qu'aux XIe et XIIe siècles existait un vignoble qui dépendait du châtelain de Bergerac ainsi que plus au nord un vignoble ecclésiastique qui dépendait de la paroisse de Saint-Martin.
Ces vignobles allaient prospérer et constituer le premier vignoble « privilégié » de Bergerac : celui de la Vinée dite Vinée Nord (des documents anglo-saxons mentionnant le vignoble bergeracois - Vinée nord, ont été retrouvés sur un sauf-conduit datant de 1254 délivré à un négociant bordelais).

Le château de Tiregand

Historique

Tiregand serait une déformation de « tire grand », allusion directe à sa situation géographique élevée, sur les bords d'un plateau naturel dominant la vallée de la Dordogne et le petit port de Creysse.
C'est dire l'effort physique qu'il fallait sans doute produire pour gravir les différentes côtes qui, de quelque horizon que l'on vienne, conduisent au château. Tout un symbole ! Cette image se retrouve également sur le coteau qui fait face à Tiregand, au-delà de la Dordogne et plus à l'ouest, en la côte de Tirecul dont la trivialité du nom fait encore moins mystère du sens premier !
Du fief de Tiregand, on connaît peu de choses et les archivistes comme les historiens sont peu loquaces sur le passé de ces lieux comme de ses habitants.
Selon toute vraisemblance, un ancien château aurait existé à cet endroit, laissant pour seuls vestiges un système de douves sèches qui avaient pour vocation de protéger l'ensemble. On peut encore les voir en parcourant le parc ouvert à la visite.
Propriété des d'Augeard au XVIIe et XVIIIe siècle, Tiregand devient l'objet à cette époque d'un vaste projet architectural mené par l'un des enfants de cette Maison, alors président du Parlement de Bordeaux. Suivant le cours des anciens fossés, un nouveau château de taille imposante devait s'élever sur ce qui est aujourd'hui l'élégante terrasse du domaine. Pour des raisons que l'on ignore mais qui tiennent sans doute à un revers de fortune ou aux événements de la Révolution, le président d'Augeard n'eut le temps que de voir bâtir les terrasses, dépendances et autres serres qui devaient servir d'écrin au nouveau château dont les travaux s'arrêtèrent aux fondations.
L'ensemble, suffisamment élégant, plut au général de la Marthonie qui l'acheta dans la première moitié du XIXe siècle pour mieux le transmettre aux La Panouse.

Parcelles du château de Tiregand - Aérovue Diffusion

Eric Sander

Chais du château de Tiregand

Ces derniers commandèrent à monsieur Dutoît, alors architecte en vogue, d'aménager confortablement les bâtiments existants en les transformant en logis et en ajoutant deux ailes à l'ensemble. C'est le château que l'on peut encore voir de nos jours.
Le parc, aménagé « à la française » et agrémenté d'un pavillon circulaire à l'architecture élégante, s'étend au midi et vient agréablement compléter le décor jusqu'à la terrasse d'où la vue sur la vallée est des plus douces.
Par héritage, Tiregand passa aux Boutray puis aux Saint-Exupéry qui l'habitent encore.
Il s'en fallut de peu cependant que tout ne disparût à la Révolution.
Commissaire de la toute jeune mais déjà sanglante république, Lakanal fut dépêché en Bergeracois, sur ordre du tristement célèbre Comité de Salut Public de la Convention Nationale, avec pour tâche précise d'y faire édifier une manufacture d'armes (24 Brumaire An III - 14 novembre 1793). Nous sommes en pleine Terreur.
Les poches lourdes d'un argent trop facilement gagné sur la vente des biens d'émigrés, Lakanal débuta les travaux, mais, se trouvant rapidement démuni, décida, pour le « bien public », de réquisitionner les matériaux nécessaires manquant pour finir son ouvrage.
À cette fin, il décréta « maisons nationales » les châteaux de La Force, Badefols et Tiregand, dont les propriétaires étaient absents pour de multiples raisons, dont celle de protéger leur vie.
La Force démolie, notre Commissaire s'attaqua à Badefols puis, vers la mi-1794, arriva à Tiregand. Il prit d'abord soin de faire transporter dans ses locaux « meubles, lits, tables et bureaux, fauteuils, glaces, vitraux, soufflets et pendules », puis s'attaqua à « la balustrade de fer », autrement dit au portail et à ses grilles. Il les fit démanteler et les plaça à l'entrée de ce qui est aujourd'hui l'école Gambetta, en plein centre de Bergerac. Le portail s'y trouve toujours.
L'argenterie, saisie également à Tiregand, fut envoyée à la monnaie de Paris « pour y être transformée en monnaie républicaine et ainsi expier le crime d'avoir trop longtemps servi aux jouissances luxueuses d'un tyran de campagne ». On ne saurait trouver meilleur argument !

La « Folie » du château de Tiregand

Page suivante : Château de Tiregand

Le 16 Messidor An II (4 juillet 1794), à un mois à peine de son départ, Lakanal prit enfin un arrêté de démolition des bâtiments construits par le président d'Augeard qui faisaient office de château. Louis d'Augeard de Tiregand, en voyage en Hollande pour études commerciales durant les événements et propriétaire des lieux, rentra alors en France. Contre toute attente, mais le vent politique était déjà en train de tourner, il parvint non seulement à prouver sa bonne foi – ce qui lui sauva la vie – mais également à interrompre la destruction de son château.

Il se vit remettre partiellement ses meubles et retrouva enfin ses pleins droits de propriété sur Tiregand. C'est lui qui vendit l'ensemble, un peu plus tard, au général de La Marthonie. Celui-ci, passionné par l'histoire des lieux et de sa province, mit à jour une ancienne chronique où l'antique château de Tiregand, celui des douves sèches, avait place d'honneur.

Agité par les Guerres de Religion, le pays de Bergerac, au XVIe siècle, fut déchiré entre Catholiques, minoritaires mais appuyés par le pouvoir royal, et Protestants, soutenus par la cour de Navarre. Les places fortes ou symboliques s'arrachèrent et se reprirent d'un camp à l'autre et chaque parti s'enorgueillit de ses prises.

Volées à Périgueux, les précieuses reliques de Saint-Front, Saint-Patron du Périgord, furent ainsi transportées par les huguenots à Tiregand en 1575 pour y être mises à l'abri et éventuellement servir de monnaie d'échange.

Bergerac, protestante tout comme son territoire, était proche du duché de La Force dont le seigneur d'alors protégeait au mieux les intérêts économiques et les convictions religieuses de ses vassaux. La place de Tiregand paraissait sûre.

Portées à dos d'âne, les reliques, trésor de guerre hautement symbolique, furent confiées à un capitaine Huguenot qui plaisanta du sort qui était le sien : il allait à pied alors que Saint-Front, catholique honni, voyageait transporté !

Arrivé à bon port, après avoir gravi lentement le coteau, le précieux chargement fut gardé quelques temps à Tiregand. Mais, attisant les rancœurs du

camp adverse et par là le danger d'une attaque, la décision fut prise d'évacuer du château cet otage encombrant.
Ailleurs, la guerre redoublait d'intensité et la bataille de Coutras (1587), qui incita Montaigne à réclamer une trêve aux deux Henri, Valois et Bourbon, fit refouler dans l'arrière-pays des mercenaires en quête de butin.
Pris en tenaille et surtout pris de court, les Protestants-gardiens des reliques ne virent leur salut que dans la fuite et, trop pressés pour s'encombrer d'un fardeau aussi saint soit-il, les précipitèrent dans la Dordogne, rendant Saint-Front à la source de sa gloire.
Témoins de ce passé, seuls subsistent les chais de Tiregand, remaniés au XVIIIe siècle mais dont de nombreux détails attestent d'une plus respectable ancienneté - une échauguette en particulier.
Ces bâtiments, dont on aimerait qu'ils puissent conter l'histoire, rappellent néanmoins aujourd'hui que Tiregand est également le centre d'un vaste domaine viticole en plein Pécharmant, appellation typée de l'aire bergeracoise. Une dégustation sur les lieux finit agréablement de nous en convaincre.

Le vignoble du Château de Tiregand

La comtesse de Saint-Exupéry gère avec ses deux fils, François-Xavier et Pierre, cet immense domaine de 160 hectares dont 40 hectares en vignes.
Ces vignes de coteau, âgées de 25 ans, d'un rendement limité à 40 hectolitres/hectare donnent un Pécharmant de grande tradition vieilli en fût de chêne merrain.
Le blanc sec, issu à 80% de Sauvignon est élevé sur lie après macération pelliculaire.
Les vins sont commercialisés en vente directe au château, dans la restauration et à l'exportation.

Le patrimoine de Pécharmant

La colline de Pécharmant était déjà connue des hommes préhistoriques qui ont laissé de nombreux vestiges et quantité de silex.
Ce territoire se caractérise par un habitat disséminé à l'image de Pécharmant qui n'est même pas un village.
Outre le château de Tiregand, on découvre sur chaque tertre de belles demeures, domaines ou châteaux, tous liés à l'histoire du vin de Bergerac car faisant partie de la fameuse « Vinée Nord » à l'origine du vignoble.
Tous les châteaux sont donc viticoles. Vous les retrouverez dans le guide de la Route des Vins. Vous visiterez ainsi des manoirs, des chartreuses, des gentilhommières de charme (Château La Tilleraie) et quelques châteaux historiques comme le château de Corbiac où Maine de Biran aimait se rendre à cheval depuis son château de Grateloup à Saint-Sauveur, le château de Biran du nom de la même famille à Mouleydier, ou encore le château du Roc à Creysse.
À l'est, le village de Creysse, qui fut un important centre de taille de silex, présente un joli Musée du vin et de la préhistoire, un aquarium et la galerie Bella Riva en exposition permanente. En traversant le vignoble d'est en ouest depuis Pécharmant, vous suivrez la voie romaine rectiligne qui descend sur Pombonne, puis Lembras où se trouve le château de la Renaudie, jusqu'à Queyssac, joli village où vous trouverez un superbe manoir restauré en chambres d'hôtes (Le Cèdre de Floyrac). Vous pouvez continuer la route des coteaux par le château de Jaure, restauré par le général Obroutchef, compagnon du Tsar qui avait préparé en ces lieux la convention d'alliance franco-russe de 1892 avec le général de Boisdeffre.
Pour rejoindre l'appellation Rosette, prenez Peymilou. Au passage, vous trouverez le château « Mounet Sully », curieuse architecture inspirée de Mounet Sully lui-même.
À l'ouest vous découvrirez le vignoble de Rosette qui fait partie du même syndicat viticole que Pécharmant et qui mérite meilleure notoriété.

Le terroir de Pécharmant

Le terroir de Pécharmant est situé au nord-ouest de la ville de Bergerac sur les versants ensoleillés de la rive droite de la Dordogne, à la naissance des coteaux qui suivent la rivière jusqu'au Fleix, Castillon et Saint-Émilion.
Le vignoble de Pécharmant est disposé en hémicycle au nord de Bergerac, sur la rive droite de la Dordogne. Il est principalement constitué de coteaux orientés au sud qui bénéficient d'un ensoleillement exceptionnel.
Seules quatre communes produisent du Pécharmant : Creysse, Bergerac, Lembras et Saint-Sauveur. La particularité de ce vignoble vient de son sol de sables et de graviers du Périgord, issu de la transformation des roches granitiques du Massif Central. Le terroir a subi un lessivage superficiel entraînant l'argile et le fer en sous-sol. Cette couche profonde et imperméable dénommée « tran » donne au Pécharmant ce goût de terroir si typique à

l'appellation. En 1998, ce vignoble se composait de 391 hectares de vignes, produisant 18 000 hectolitres déclarés en Pécharmant. Cette surface se répartit entre 43 producteurs dont 15 vinifient en cave coopérative (30% de la surface) et 28 en chais particuliers. La surface moyenne par exploitation, 8,5 hectares, confirme le caractère très familial de la production.

Cépages

Toute la richesse du Pécharmant provient de l'équilibre de l'assemblage des cépages parvenus à parfaite maturité, soit en moyenne 36% de cabernet sauvignon pour le corps et le bouquet, 16% de cabernet franc pour un parfum plus tendre, 41% de merlot pour la souplesse, 7% de côt rouge ou malbec pour le velouté. La densité de plantation est fixée depuis 1992 à 4 000 pieds par hectare minimum.

Le vignoble de Pécharmant est un vignoble jeune dont le potentiel est en pleine expansion.

Vignification dégustation

La vendange est effectuée à maturité maximum du raisin, transportée rapidement au chai pour être débarrassée manuellement des éventuels corps étrangers. En fermentation, contrôle des températures, remontages, durées de cuvaison sont effectués en fonction de critères analytiques et gustatifs. L'élevage en barriques est développé au minimum pendant un an.

Les vins de Pécharmant possèdent une belle robe colorée, sombre et dense. Ce sont des vins généreux, corsés, bien charpentés. Amples et riches en tanin, ayant de la mâche, parfois même un peu sévères dans leur jeunesse, ils laissent présager de leur longévité. En vieillissant, ils s'assouplissent et leur bouquet s'étoffe. Ils peuvent être appréciés à partir de leur troisième année mais n'atteignent leur plénitude que vers 6/7 ans. Vins de garde, ils peuvent tenir 10 à 15 ans et parfois plus ; leur mariage avec des gibiers, des rôtis, des fromages, fait merveille.

Température idéale à la dégustation : 17°.

Château du Roc

Bergerac

Le Château de Bergerac

Historique du château

Difficile tâche que celle de raconter l'histoire du château de Bergerac tant les souvenirs le concernant se dont dilués dans ceux aujourd'hui attachés à l'histoire de la ville qui porte son nom.
À l'époque romaine, une villa profite de la présence d'un gué pour asseoir ses fondations à l'emplacement de la future ville. Elle est bientôt rejointe par d'autres constructions qu'une voie secondaire relie aux axes conduisant de Clermont-Ferrand à Tulle, puis à Brive et enfin à Bordeaux. L'endroit est plaisant, l'emplacement stratégique. Au IVe siècle de notre ère, Ausone, poète romain, parle déjà de la douceur de la vallée et des vins doux qu'on y produit.
Au Ve siècle, les invasions barbares conduites par le roi Euric des Wisigoths mènent au pillage de ce qui n'est encore qu'une ébauche d'agglomération. Cette invasion, première d'une longue série, incite les Bergeracois à fortifier leur ville autour d'une motte féodale sur laquelle un premier château est édifié aux alentours du XIe siècle. La place forte a également pour tâche de protéger la navigation sur La Dordogne et de ralentir toute remontée ennemie vers les hautes terres.
En 1080, une charte mentionne Bergerac et sa dotation d'un prieuré dédié à Saint-Martin. Ses moines seront les principaux promoteurs du développement de la vigne sur la rive gauche de la rivière. Sur une terrasse naturelle en bordure de l'eau, un nouveau château semble alors être édifié afin de protéger un gros bourg et son port en plein essor. Différents aménagements défensifs protègent l'ensemble comme le détournement du Caudeau vers des fossés de protection. Le château est placé sous la protection du « haut et puissant seigneur, le sire comte du Périgord ».
Au XIIe siècle des remparts apparaissent et freinent en leur sein l'extension de la ville dont la vocation commerciale n'a cessé de s'affirmer. Les Rudel règnent sans partage sur Bergerac et son château. Bien plus tard, Marguerite de Turenne, dernière dame de Rudel, épousera le seigneur de Pons et créera la dynastie des Pons-Rudel.
Suzeraine de Bergerac, Aliénor d'Aquitaine, d'abord reine de France, apporte ses possessions territoriales dans l'escarcelle de l'Angleterre après sa répudiation et son remariage avec Henri II Plantagenêt. De ville marchande, Bergerac devient place forte et stratégique. Elle renforce sa défense.
Ballottée au gré des batailles entre France et Angleterre, entre Lys et Léopards, Bergerac finit par ne plus reconnaître aucun suzerain et s'en remet à la seule volonté de ses seigneurs qui penchent tantôt pour les Français, tantôt pour les Anglais en fonction des intérêts. Cette situation perdurera, à quelques exceptions près, du XIIe siècle à 1453, date de la bataille de Castillon qui met fin à la guerre de Cent Ans.

Au début de celle-ci, Bergerac est une des principales places fortes de la Guyenne et ses tours, ses portes fortifiées, ses ponts-levis, ses défenses avancées, ses barbacanes, viennent compléter un ensemble ne comptant pas moins

Échauguette dans le Vieux Bergerac

de cinq bastions aisément confondus de nos jours avec au moins deux citadelles supplémentaires et peut-être un château distinct.

Assiégée, la ville tombe du côté anglais grâce aux assauts conduits par le comte de Derby, Henry, duc de Lancaster. Le vainqueur s'empare du château et obtient d'Édouard III d'Angleterre le droit de battre monnaie. Nous sommes en 1349.

À la défaite des uns et à la victoire des autres succèdent la peste puis la famine et enfin l'anéantissement de tous les espoirs avec la prise de Poitiers et l'emprisonnement de Jean II le Bon, roi de France.

Les nouveaux seigneurs-châtelains de Bergerac obtiennent de Londres de nombreux privilèges pour leur ville, mais celle-ci n'accepte que difficilement cette nouvelle occupation. En 1370 ses habitants se retournent pour la première fois contre le château et ce qu'il symbolise.

Le connétable Bertrand du Guesclin se porte au secours de la Guyenne qui secoue ses chaînes et rend Bergerac à la France dès 1377. Le château est le dernier à tomber après un siège terrible.

Une fois encore le répit est de courte durée, puisque dès 1435 et après moults assauts, Bergerac et son château tombent de nouveau dans le camp anglais. Le comte de Penthièvre, chargé de reprendre la ville, obtient l'aide des habitants qui en ouvrent les portes, égorgent la garnison et reprennent encore une fois un château décidément bien convoité.

On pourrait croire les passions assagies et les Bergeracois occupés désormais à panser les plaies de plus de trois cents ans d'occupation et de guerres incessantes. Ce sera le cas pendant quelques temps, mais très vite un nouveau sujet de discorde national fait son apparition avec la Réforme, ardemment prêchée en Périgord et avec succès à Bergerac. La guerre reprend.

Devenue une place protestante de première importance, Bergerac renforce ses défenses et accueille à plusieurs reprises rois de France soucieux de s'assurer sa fidélité et princes huguenots certains d'y trouver appuis militaires et soutien moral.

Les bases de ce que l'histoire retiendra sous le nom d'Édit de Tolérance de Nantes, seront réfléchies et édictées au château de Bergerac.

Sous le règne du premier des Bourbon, la France connaît une certaine prospérité

Château de Bridoire

et les esprits un certain repos. Le duc de La Force, proche voisin de Bergerac, fait édifier sur ses terres un somptueux château et en profite, en 1604, pour faire bâtir la Maison Peyrarède qui fait office aujourd'hui, mais à tort, de château pour les nombreux visiteurs découvrent Bergerac.

En 1621, Louis XIII préfère cette noble demeure au château de la ville, dont on ne trouve plus trace dans aucun texte, pour installer sa cour et sa royale personne. Certains écrits laissent supposer que l'antique château abandonné depuis longtemps et transformé en simple prison se serait finalement écroulé en 1615 à la suite d'une crue violente.

Quittant Bergerac, le souverain ordonne sans autre forme de procès que soient rasés remparts et fortifications d'une ville qui a trop longtemps bravé son autorité et celle de la Sainte Église.

Une citadelle vient alors remplacer au bord de la Dordogne un château devenu étrangement absent. Un régiment moitié catholique et moitié protestant se porte garant de la fidélité des habitants à la couronne.

Huit ans plus tard, en 1629, le cardinal duc de Richelieu, jugeant sans doute l'arrangement peu fiable, finit de faire abattre les dernières défenses de la ville et fait démolir dans la foulée la nouvelle citadelle largement convoitée par les Protestants restés majoritaires et vigilants.

Le capitaine René de Voyer d'Argenson, également Maître des Requêtes, est chargé de ce difficile chantier. Il a aujourd'hui laissé son nom à l'une des principales artères de la ville.

En 1685, la Révocation de l'Édit de Nantes pousse de nombreux Bergeracois, pourtant fidèles et sincères sujets de Louis XIV, à quitter leur bonne ville et à gagner en particulier la Hollande avec laquelle de précieux liens économiques existent depuis fort longtemps.

Le XVIIIe siècle voit peu d'événements marquants, la ville est encore protestante pour une grande part et les manifestations contre l'autorité sont nombreuses. Une famille joue un rôle primordial, celle de Gonthier de Biran,

Pont vieux de Bergerac

chez qui se recrutent maires et magistrats locaux.

Après 1789, le pays, d'abord partisan d'une monarchie constitutionnelle, évolue vers la République. Le conventionnel Pinet représente Bergerac et siège à la Montagne. Mais c'est surtout la mission de Lakanal en 1793-1794 qui laisse un souvenir durable de Bergerac. Lakanal se préoccupe de l'instruction trop peu répandue faute d'écoles et crée quatre écoles primaires. Il fonde aussi une manufacture d'armes, une bibliothèque « nationale », une autre d'histoire naturelle, fait transférer l'hôpital situé jusqu'alors rue Saint-Esprit, très inconfortable, dans le couvent des Dames de La Foi, l'actuel Hôtel de Ville. Mais il est aussi à l'origine de la destruction du château de La Force dont il utilise les matériaux pour la construction de la manufacture.

Bien différente est la personnalité de Maine de Biran qui domine de toute sa valeur intellectuelle et morale les périodes de la Révolution et de l'Empire en Bergeracois. Né en 1766 à Bergerac, il reste sous-préfet de la ville de 1808 à 1811 et se montre un administrateur actif et avisé, s'intéressant tout spécialement aux problèmes de l'enseignement. Mais il est en même temps solidaire de Grateloup qui s'interroge sur la vie et sur lui-même : « aucun homme ne s'est vu ou ne s'est regardé passer comme moi ». Toute son œuvre est une recherche passionnée de la vérité, la profondeur et l'élévation de sa pensée en font un très grand philosophe.

Louis-Napoléon, tout d'abord populaire déçoit nos compatriotes et Escot-Melon, propriétaire à Colombier, essaie de soulever les campagnes le 2 décembre 1851.

Au cours du XIXe siècle, Bergerac voit s'élever ses principaux monuments actuels : le pont livré à la circulation en 1825 remplace l'ancien pont construit un peu plus en aval et emporté par une crue en 1783 ; la maison de Pierre Thomas Gimet, aujourd'hui clinique de la Terrasse est édifiée de 1800 à 1810 ; le palais de justice en 1867-1869 sur l'emplacement de l'ancien couvent des Carmes ; l'église

Notre-Dame de 1856 à 1865 par l'architecte Abadie.
L'époque contemporaine est marquée par la guerre de 1870 durant laquelle des mobiles bergeracois s'illustrent à la bataille de Coulmiers sous le commandement du colonel de Chadois. En 1914-1918, bien d'autres trouvent la mort pendant que l'on construit la poudrerie nationale. 1939-1944 : après beaucoup de dévouement, d'actes d'héroïsme, de souffrances, Bergerac est libérée le 21 août 1944.
Cette époque est également marquée par des personnalités célèbres : Armand Faugères dont l'édition des *Pensées de Pascal* fit autorité ; les frères Mounet-Sully et Paul Mounet ; Jacques Le Lorrain, dont Massenet mit en musique *Don Quichotte* ; le docteur Testut, anatomiste et historien local qui légua ses collections personnelles à la bibliothèque municipale de Bergerac ; le professeur Samuel Pozzi, sénateur de la Dordogne, élève de Broca et grand chirurgien lui-même.

Le patrimoine de Bergerac

Avant de découvrir le château Henri IV, je vous propose une visite guidée du vieux Bergerac.
Commençons par le port. De là, vous pouvez admirer le pont de pierre construit en 1825 ainsi que la pile de l'ancien pont. Plus à l'est, à proximité du terrain de camping et de l'île de la Pelouse se trouvaient encore au XIXe siècle des chantiers navals de gabares. Ainsi, vous pouvez imaginer le ballet des gabares qui accostaient au port, chargées de barriques de vins de Bergerac.
Remontons maintenant par la rue des Conférences afin de longer les Grands

Maison Peyrarède

Moulins, dont la haute toiture en forme de coque de bateau renversée cache une magnifique charpente d'époque. Au carrefour de la rue de la Myrpe se trouve une ancienne taverne de bateliers où fut installé le Musée de la Batellerie qui sera transféré dans les Grands Moulins.

Place Cayla

La place de la Myrpe vous ouvre les bras avec ses belles maisons à colombages en pierres et briquettes.
Sur la place Cayla se trouve l'entrée principale du Cloître des Récollets. À côté, le Temple protestant de Bergerac qui fut préalablement église des moines Récollets, abandonnée en 1783, puis investie en 1797 par les Protestants qui s'empressèrent d'y poser une pierre du grand temple disparu : tout un symbole de la lutte toujours vivace entre papistes et parpaillots.
En remontant, on découvre la très agréable place Pélissière qui tire son nom des marchands de peaux, les pelissiers. C'est devenu le lieu animé des soirées estivales.
Au fond, l'église Saint-Jacques domine le vieux Bergerac. La construction date de Saint-Front et Charlemagne aurait fait don d'un fragment de vraie croix. Elle est une étape du chemin de Compostelle. Elle fut remaniée plusieurs fois comme en témoigne le mur nord-est où se font face deux vitraux, l'un de style roman, l'autre de style gothique.
Plus haut, vous arrivez sur la Grand'Rue, étroite et piétonne. Au carrefour de la rue Bourbarraud, vous trouverez une maison à colombage aux murs penchés s'ouvrant vers le ciel.
Au bout de la Grand'Rue, vous apercevez l'immense silhouette de la cathédrale Notre-Dame, bâtie par Abadie, élève de Viollet-Le-Duc, dans un style néo-gothique.
Prenez à droite la rue Bourbarraud, dont le nom fait référence à une ancienne porte de la cité fortifiée. Obliquez à droite par la rue du Mourrier puis enfilez-vous par le passage Bobinski pour arriver sur la place du Marché Couvert construite à l'emplacement du grand Temple protestant, détruit par les catholiques au XVIIe siècle.
Retournez-vous pour admirer un porche avec une tourelle d'angle, vestige d'un hôtel où séjournèrent le roi Charles IX et sa mère Catherine de Médicis en 1565.

Avant de redescendre, jetez un coup d'œil sur la rue de la Brèche par laquelle les Protestants entrèrent dans Bergerac en 1563, puis empruntez la rue des Fontaines. Une grande maison médiévale s'impose à l'angle de la rue Gaudra avec quatre belles arcades et une superbe fenêtre à rosaces.

Plus bas à l'angle de la rue Saint-James, riche de belles maisons du XVIIe siècle, subsiste une des fontaines où les poissonnières trempaient la morue ; ces mêmes fontaines crachaient du vin pour fêter la venue du roi Louis XIII le 16 juillet 1621, ce qui ne suffit pas à le séduire car il décida ce même jour de la destruction des remparts de la ville pour soumettre la citadelle de la Réforme, place de sûreté huguenote.

En bas, vous prenez la rue des Fargues au bout de laquelle se trouvent quelques grandes maisons médiévales. Vous arrivez sur la place du Feu, magnifique sous le soleil comme sous les projecteurs. Vous êtes dans la rue de l'ancien Pont qui était donc l'entrée principale de Bergerac. Dans cette rue se trouve la fameuse Maison Peyrarède, dite le Château d'Henri IV. Cette haute demeure présente une jolie tourelle d'angle et de beaux colombages. C'est le Musée du Tabac et d'Histoire de la ville.

Vous pouvez terminer la visite sur un dédale de ruelles riches de maisons médiévales comme la rue des Rois de France qui vous ramène sur le port au pied du Cloître des Récollets. Sur son mur de terrasse, à l'angle de la rue du Port, vous jetterez un coup d'œil sur l'échelle des crues de la Dordogne qui n'a pas toujours été aussi docile du temps où elle était « Rivière Espérance ».

Vieux Bergerac

Avant de partir, allez déguster les grands vins de Bergerac à la Cave de la Maison des Vins qui donne directement sur le port.

La Madeleine : pour fêter l'an 2000, une superbe statue est érigée au cœur de la place de la Madeleine. Signée par Henri Redon, sculpteur bergeracois, cette œuvre symbolise l'attachement de la

Les saumons de la Madeleine

ville à sa rivière Dordogne : « De magnifiques saumons semblent remonter le courant du fleuve en s'accrochant aux parois rocheuses ».

Encore un symbole rappelant que les saumons étaient si nombreux dans le passé que ces derniers étaient cités dans les « cahiers de doléances » de 1789.

Les Treilles : anciennement, les maisons du faubourg de la Madeleine appartenant à la « Vinée Sud » arboraient de magnifiques treilles sur leurs façades, à l'image de la pharmacie centrale.

Le 25 juin 2000, l'Association de quartier du faubourg de la Madeleine inaugure la plantation de la première treille et fête le retour des treilles sur les maisons du quartier par un grand déjeuner « pique-nique » sur le pont vieux lui-même. Le choix s'est porté sur des cépages rouges afin de produire une cuvée de quartier « La Madeleine », dont les premières vendanges auront lieu en 2001 à l'occasion de la Semaine des Vendanges des vins de Bergerac... Tout un symbole entre la Vinée Sud et la Vinée Nord.

La pile du premier pont de Bergerac : sous la place Barbacane, cette pile se trouve à gauche du pont actuel, dans l'axe de la rue de l'ancien pont qui était l'entrée principale de Bergerac.

Le chantier naval « Arnouil » : Il reste encore un hangar de l'ancien chantier naval Arnouil, constructeur de gabares. J'ai retrouvé dans ces lieux, appartenant toujours à la famille Arnouil, un vieux mât de gabare d'une longueur de 12 mètres.

L'aire géographique de l'appellation Bergerac

Elle comprend 90 communes dont certaines également concernées par d'autres appellations du Bergeracois. En conséquence nous ne reviendrons pas sur les territoires déjà décrits pour recentrer notre parcours sur le Sud Bergeracois, terre de bastides.

Ces villes nouvelles, créées au XIIIe siècle au sud de la frontière « Dordogne », sont souvent le fruit de la rivalité territoriale qui oppose les Capétiens et les Plantagenêts.
Aux bastides françaises de Sainte-Foy, Castillonès, Villefranche-du-Périgord, Villeréal et Eymet fondées entre 1255 et 1270, les Anglais opposent celles de Montségur, Lalinde, Beaumont, Molières et Monpazier de 1267 à 1285. Toujours situées à des points stratégiques, elles sont remarquables par l'équilibre de leur géométrie et leurs qualités défensives qui en font des places de sûreté pour les campagnes environnantes.
La bastide est ainsi protégée de remparts, les rues partent en faisceaux perpendiculaires de la place centrale encadrée de couverts. Seule exception, la bastide de Beaumont du Périgord dont la place en forme de H signe le nom de son créateur, le roi Henri d'Angleterre. Dans le Sud Bergeracois, le territoire de l'appellation Bergerac se trouve coupé en deux par l'appellation Monbazillac. Au sud-ouest le terroir de Sigoulès, où se trouve la cave coopérative. Plus bas, à côté de Thénac, subsistent les ruines de la forteresse de Puyguilhem détruite en 1388. À Ribagnac subsiste aussi le château de Bridoire, en bien mauvais état et abandonné aux pilleurs de tous ordres. Toutefois, vous êtes dans un très bon terroir viticole mis en valeur par le château Tour des Gendres de Luc de Conti. Prenez la direction de Conne de Labarde au sud-est de Bergerac pour découvrir le terroir d'Issigeac. Vous terminerez votre circuit au château des Verdots de l'excellent jeune viticulteur David Fourtout.

Treilles

Pages suivantes : château de Monbazillac

Le terroir de Bergerac

Le droit aux appellations d'origine contrôlée Bergerac, Bergerac sec, Côtes de Bergerac et Côtes de Bergerac Mœlleux est reconnu par le décret du 11 septembre 1936 aux vins rouges et blancs qui sont récoltés sur l'ensemble du terri-

Restaurant

Château de Fauga

toire de l'arrondissement de Bergerac, conformément à une aire établie et définie par l'INAO sur 90 communes.
De ce fait les appellations Bergerac empiètent sur l'ensemble des cinq régions. Toutefois certaines peuvent être qualifiées de plus originales sur le plan géologique et géomorphologique, notamment le plateau de Sigoulès jusqu'à Eymet et Thénac, constitué de calcaires du tertiaire et caractérisé par un groupe de collines découpées par un réseau de ruisseaux affluents de la Dordogne et du Dropt.
Il est à noter que la région d'Issigeac, située à la source des ruisseaux La Conne et La Banège au sud-est de Monbazillac ,est un terroir particulier bénéficiant de calcaires lacustres déposés par sédimentation. Ce terroir d'Issigeac donne des vins typés et matures très appréciés par les nouvelles tendances de la dégustation.
On peut encore noter que la région de Thénac bénéficie elle aussi d'un terroir particulier constitué de marnes et argiles à ostréa avec intercalations de calcaires blancs lacustres. La typicité de ce terroir donne des vins puissants très caractéristiques.
Le terroir de Montravel est également une entité à part entière. Les sables du Périgord, improprement nommés, confèrent au paysage un relief de croupes et d'amphithéâtres favorables au vignoble. Plus à l'est la ligne des côtes partant de Port-Sainte-Foy et Ponchat jusqu'au Fleix et La Force apparaît comme un pays viticole bien particularisé avec des qualités agrologiques indéniables.
Enfin pour être exhaustif, la vallée de la Dordogne possède son système de terrasses fluviales constituées de graves.

Cépages

Les cépages utilisés pour les vins rouges de Bergerac sont le cabernet sauvignon, cabernet franc, merlot en plus faible proportion, côt ou malbec et plus rarement fer servadou, mérille ou périgord.
Pour les vins blancs, les cépages utilisés sont le sémillon, le sauvignon, la muscadelle et en très faible proportion l'ondenc et le chenin blanc. L'ugni blanc est

un cépage accessoire (25% maximum). Le pourcentage de sauvignon dans l'encépagement doit être égal au moins à celui de l'ugni blanc dans le cas de la présence de ce dernier. Pour toutes les AOC Bergerac, les vins doivent provenir de l'assemblage d'au moins deux cépages.

Vinification - dégustation

Vins rouges : souvent vinifiés après un égrappage total ou partiel, les Bergerac rouges sont des vins fins, souples, assez fruités avec des arômes de fraises, cassis et autres fruits rouges. Ils peuvent être consommés dans leur jeunesse mais s'apprécient mieux au bout de 4 à 5 ans selon le millésime. Les Côtes de Bergerac sont issus des meilleures parcelles de vignes à faible rendement. Ils bénéficient souvent d'un élevage en fûts. Ils sont structurés, complexes et présentent des arômes de fruits confits (pruneaux). Riches en alcool, tanniques, ils possèdent une meilleure aptitude au vieillissement et atteignent leur plein épanouissement vers 5/6 ans et leur potentiel de garde atteint 10 ans et plus.
Vins rosés : ils sont obtenus par saignée ou macération courte. Ils se distinguent souvent par une délicate couleur saumonée et une certaine fraîcheur aromatique. Ce sont d'excellents compagnons de la cuisine d'été.
Vins blancs : l'aire de production des vins blancs de Bergerac recoupe celle des vins rouges. Ce sont donc des parcelles consacrées pour leurs qualités particulières par les propriétaires. Les vins produits, secs ou mœlleux, bénéficient de plus en plus des nouvelles techniques de macération pelliculaire et de vinification à basse température privilégiant leur richesse aromatique.
La part croissante du cépage sauvignon dans le vignoble a favorisé l'épanouissement d'une nouvelle génération de Bergerac secs. Généralement peu colorés et brillants, ces vins sont frais, agréablement bouquetés, possédant une attaque nerveuse et une bonne longueur en bouche. Ils se consomment de préférence jeunes et sont charmeurs à l'apéritif, sur les poissons ou les fruits de mer.
Produits à partir d'une dominance du cépage sémillon, les vins AOC Bergerac mœlleux sont remarquables de fraîcheur et de rondeur. Ils peuvent se boire jeunes mais supportent avec bonheur le vieillissement. Ils se dégustent à l'apéritif, sur les poissons en sauce, sur les salades et sur certains fromages comme le Bleu des Causses, ou au dessert.

Le Fleix

Le Vin de Domme

Historique

En 1260, le comte de Toulouse perçoit la « vinée » sur certains territoires de Domme. En 1456, Jean de Vielmont, seigneur prieur de Bouzic, passe un contrat dans lequel il se réserve une vigne de 40 journaux. De 1454 à 1483, les minutes du notaire sarladais Plamon contiennent des actes faisant état de vignes. En 1477, François de Caumont reçoit reconnaissance de Durand de Mauris, prêtre de Saint-Laurent pour 30 journaux de vigne au lieu-dit de Paradis.
En 1505 on trouve mention de vignes à Florimont, achetées par Maître Antoine Vernassal. En 1506, les archives du couvent des Augustins de Domme font référence à une pension annuelle d'une charge (barrique) de vin.
Au XVIe siècle, plusieurs contrats passés devant notaire indiquent la présence de vignes à Cénac, Bouzic, Saint-Cybranet et Daglan.
Au XVIIIe siècle, de nouvelles plantations de vignes sont référencées en pays dommois. En 1745 la dîme des vendanges rentre en vigueur pour l'entretien du clergé paroissial et ses œuvres. En 1772 un conflit oppose les Bordelais aux communautés du pays dommois concernant la concurrence du commerce fluvial car les vins de Domme étaient expédiés de Bordeaux vers l'Angleterre et l'Europe du Nord.
De 1865 à 1868, plusieurs expéditions sont faites sur l'Asie, notamment à Saïgon par M. Taillefer de Domme et M. Mercier de Saint-Cybranet.

Domme

Jusqu'au XIXe siècle, avant l'épidémie de phylloxéra, le vignoble du Périgord s'étendait sur toute la Dordogne comme en témoigne la carte au temps de Belleyme.
À l'époque, la région de Domme détenait le second vignoble de Dordogne après Bergerac avec 2 700 hectares de vignes.
Après le phylloxéra,le Bergeracois réussit sa reconstitution. En Sarladais, plusieurs éléments défavorables firent échouer cette reconversion.
Un grand nombre de paysans ruinés, d' artisans ou de commerçants dont le sort était lié à la viticulture, abandonnèrent la région pour gagner les villes, voire l'Amérique Latine.
Puis la première Guerre Mondiale vint porter un coup fatal au vignoble entre 1914 et 1918 en décimant la jeunesse et les hommes valides.

La restauration du vignoble de Domme

Depuis 1993, une association des Amis du Vin du Pays de Domme a entrepris de redonner vie au vignoble.
À l'initiative de Germinal Peiro, député de la Dordogne et vice-Président du Conseil Général, et de sérieux techniciens de l'agriculture comme Jean-Marie Laval et les œnologues du CIVRB, MM. Pierre Guérin et Régis Lansade, les premières vignes ont été plantées pour atteindre 15 hectares en 2000 avec une perpective de 25 hectares pour 2002, dont 60% en cépage merlot et 40% en cabernet franc.
La coopérative des vignerons des coteaux du Céou a été créée en 1997 sous la présidence de Bernard Manière. Un superbe chai a été construit en 1999 à Florimont-Gaumier au lieu-dit Moncalou.

Les Cépages

Cabernet

Les vins de la région de Bergerac sont issus du mariage de plusieurs cépages. L'INAO a défini chacune des 12 appellations de Bergerac et notamment leur composition en cépages principaux et cépages accessoires.

Description des cépages

Les cépages rouges

Le cabernet sauvignon (27% de l'encépagement rouge) est un cépage réputé par la régularité de sa production et la qualité de ses produits. Il donne un vin corsé, de couleur vive et brillante. Assez dur peut-être dans sa jeunesse, il acquiert en vieillissant délicatesse et bouquet.

Le cabernet franc (22% de l'encépagement rouge) donne un vin présentant beaucoup d'analogie avec le précédent avec cependant moins de couleur mais peut-être davantage de bouquet et une aptitude au vieillissement plus rapide.

Longtemps considéré comme cépage d'appoint, le merlot noir occupe actuellement à lui seul près de la moitié du vignoble rouge (48%). C'est un cépage parfaitement adapté aux terroirs et au climat à tendance océanique du Sud-Ouest. Il s'est développé au détriment d'autres cépages traditionnels à cette région. Son vin a beaucoup de bouquet, de sève et de mœlleux. Il diminue la fermeté du vin de cabernet et le rend plus rapidement buvable.

Le côt ou le malbec n'occupe plus que 3% de l'encépagement. Il donne un vin délicat et léger, d'une jolie couleur.

Enfin, pour mémoire, nous citerons la mérille (25 hectares), appelée aussi Périgord, qui donne un vin léger, et le fer servadou qui a presque totalement disparu.

Les cépages blancs

Le sémillon se complaît dans les sols et sous-sols calcaires et les graves argileuses. C'est le cépage le plus cultivé du Bergeracois dont il représente 69%. Vigoureux et productif, il donne un vin d'une belle couleur dorée, limpide, fin, séveux et plein de mœlleux. C'est le cépage des grands vins liquoreux. Lorsqu'il n'est pas atteint par la pourriture, il donne également d'excellents vins secs.

Le sauvignon (18%), en raison de sa production irrégulière, était un cépage peu cultivé en Dordogne. Amélioré par sélection, son importance a augmenté surtout en vue de l'obtention de vin blanc sec. Ce cépage donne un vin au goût caractéristique, très fin, très aromatisé, d'une belle couleur, dont les arômes ont tendance à s'estomper avec le temps. Naturellement riche en sucre, il permet lorsqu'il est atteint par la pourriture noble d'obtenir des moûts d'un degré élevé.

La muscadelle (9%) est un cépage d'une culture délicate en raison notamment de sa sensibilité à la pourriture. Il donne un vin très parfumé. Déjà au XVIIIème siècle il avait la réputation d'avoir « le raisin le meilleur à manger, de donner un vin délicieux », mais on reconnaissait que son « vin doux et excellent veut être mêlé à des cépages plus vifs ».

L'ugni blanc, cépage accessoire, est peu cultivé en Bergeracois (4%), il donne un vin fin et agréable, dont l'acidité naturelle élevée présente un certain intérêt dans les assemblages.

Le chenin blanc et l'ondenc, bien que figurant dans les décrets de contrôle des AOC de Bergerac, ne sont plus cultivés (traces).

Sémillon

Ces différents cépages, blancs ou rouges, sont répartis dans le vignoble bergeracois au gré de leur adaptation plus ou moins grande au terroir, en fonction aussi du type de vin recherché par le viticulteur.

Sauf à de rares exceptions, que l'on trouve signalées dans les décrets de contrôle des AOC, le législateur, tenant compte des usages anciens, n'a imposé aucun pourcentage de tel ou tel cépage. Toute latitude est laissée au viticulteur. Il en va de même pour le vin qui est le résultat de l'assemblage du vin de divers cépages. C'est la tradition du Bergeracois, et de bien d'autres appellations, tant pour les rouges que pour les blancs.

Seul le décret de l'AOC Pécharmant précise que les vins doivent provenir d'un assemblage d'au moins trois des quatre cépages de l'appellation. Cependant, depuis un certain temps déjà – vingt à trente ans –, on relève quelques exceptions à cette règle : en vin blanc sec notamment, on trouve sur le marché des vins issus de la vinification d'un seul cépage, le sauvignon, ceci en raison de la faveur particulière dont jouissent auprès des consommateurs les vins produits par ce cépage.

3
Les acteurs du vignoble

Cave de Monbazillac

Les Vignerons et les Viticulteurs

D'une exploitation en polyculture vers une spécialisation en viticulture.

Depuis 1950, le vignoble de Bergerac a subi de profondes modifications. En 30 ans, 73% des déclarants ont disparu.

Ces vingt dernières années, nous avons assisté à une concentration et à une spécialisation des exploitations. Cette dernière s'accompagne d'un développement des surfaces revendiquées en AOC au détriment de celles exploitées en vin de table ou de pays.

Cette orientation, vers une viticulture produisant des vins d'AOC, donc de qualité, est accompagnée de décisions fortes de la filière afin de contrôler ce développement :

1951 : obligation pour les viticulteurs de remplir une déclaration d'encépagement.

1974 : mise en place d'une dégustation obligatoire de vin d'AOC.

1987 : mise en place d'un contingentement sur les droits de plantation.

Ces mesures sont accompagnées d'une restructuration du vignoble afin de constituer des exploitations homogènes et fonctionnelles. Les premiers effets ont été ressentis dès les années 80 pour atteindre leur plein potentiel dans les années 90.

Pour illustration, la moyenne de production AOC est passée de 360 000 hl sur 1971-1980 à 400 000 hl sur 1981-1990, puis à 560 000 hl sur 1990-1999.

Cette restructuration du vignoble se poursuit de nos jours avec la mise en place d'un vignoble à haute densité de plantation passant ainsi de 2 500-3 000 pieds/hectare à 5 000-6 000 pieds/hectare.

Dans ce même temps, une attention toute particulière a été portée par les viticulteurs et négociants du Bergeracois pour développer la commercialisation des produits AOC.

Celle-ci a été doublée sur 20 ans et triplée sur 30 ans, passant de 230 000 hl dans les années 70 à 570 000 hl de moyenne sur les trois dernières campagnes.

Dans le cadre de cette commercialisation, la vente des produits en vrac a

Cave de Monbazillac

progressé dans une moindre proportion que les ventes à la propriété ou mise en bouteille à la propriété, permettant ainsi de conserver la valeur ajoutée dans notre région.
Au niveau de la distribution, la présence de nos produits en hyper et supermarchés s'est elle aussi renforcée, passant d'une dénomination numérique, c'est-à-dire de la présence d'au moins une référence des vins de Bergerac, de 91% dans les années 90 à 98% aujourd'hui.
Sur les marchés export, ce sont 80 000 hl qui sont écoulés principalement aux Pays-Bas, Royaume-Uni, Belgique, Allemagne, Japon et États-Unis. Sur ces segments de marché, il faut noter que même si les valeurs exportées restent relativement stables, la valeur de ces exportations a, elle, progressé en 10 ans de 62% pour les vins rouges et 50% pour les vins blancs.

En 50 ans, la viticulture en Bergeracois, qui n'était qu'un complément de revenu, est devenue l'activité principale de l'agriculture dans cette région, avec un chiffre d'affaires de 950 millions de francs, 12 300 hectares en production, 620 000 hectolitres de production annuelle représentant le fruit du travail de 1 200 viticulteurs. C'est aussi 7 caves coopératives regroupant plus de 600 adhérents. Selon l'observatoire économique mis en place par les professionnels, cette activité représente 1 700 emplois directs. Enfin, c'est grâce au concours de plus de 100 négociants que nos produits sont présents sur les principaux marchés.
Mais notre souci principal est l'âge moyen de nos exploitants. Même si l'on peut noter un léger rajeunissement de la population, passant de 52 ans d'âge moyen en 1992 à 50 ans en 1997, il semble toutefois que ce rajeunissement ne soit pas dû à l'arrivée de jeunes exploitants de moins de 35 ans, mais plutôt à une part moins importante de viticulteurs de plus de 60 ans.
Concernant la formation des exploitants, il est probable que nos chefs d'exploitation sont légèrement mieux formés que les autres agriculteurs, 4% d'entre eux disposant d'une formation supérieure. On note que le niveau de formation augmente avec la

taille de l'exploitation et que les jeunes sont mieux formés que leurs aînés. Enfin, on observe aussi que les objectifs des exploitations diffèrent largement selon le niveau de formation de l'exploitant. L'analyse de la structure de l'emploi, par l'enquête observatoire viticole effectuée en 1997, nous apprend que 68% de la main-d'œuvre est familiale. Les salariés permanents prennent en charge 22% du travail agricole contre 18% pour le total de l'Aquitaine. Toutefois, il faut aussi considérer que le secteur viticole emploie plus de permanents que les autres secteurs agricoles. On peut relever une différence significative entre les viticulteurs adhérents en caves coopératives pour lesquels l'emploi salarié représente 16%, comprenant le personnel des caves coopératives et les viticulteurs indépendants, pour lesquels 32% de l'activité est assurée par une main-d'œuvre salariée.

Les salariés permanents représentent une part significative de l'emploi à partir de 10 à 15 hectares de vigne, puis leur part augmente progressivement avec la taille de l'exploitation. Les exploitations, sous forme de sociétés, emploient également plus de salariés permanents.

Ces éléments mis en évidence par l'analyse des éléments économiques et l'enquête observatoire viticole nous autorisent à tirer les conclusions suivantes :

- en 50 ans, la filière viti-vinicole en Bergeracois s'est spécialisée et professionnalisée et se positionne aujourd'hui comme la première activité de la région.
- dans le même temps, les Vins de Bergerac ont su se donner une véritable image et développer leur part de marché.

Aujourd'hui, ce professionnalisme de la filière se poursuit, les besoins en main-d'œuvre qualifiée augmentent afin de répondre aux exigences qualitatives nouvelles : densité du vignoble, protection raisonnée, cahier des charges de production spécifique... La distribution de nos produits et leur valorisation entraînent aussi des besoins accrus.

L'emploi dans notre filière est donc en pleine mutation. D'une part, le vivier traditionnel familial ne suffit plus à répondre aux nouveaux besoins du marché, d'autre part, nos exploitations viticoles devenant progressivement de véritables entreprises, des besoins en cadres commerciaux et techniques apparaissent.

Il est donc indispensable, afin d'accompagner ces évolutions fortes, de doter notre région des compétences nécessaires à ces mutations.

Chais du château des Verdots

Les vendanges d'autrefois

Le temps des vendanges, moment sacré pour le viticulteur, se terminait par la gerbebaude, repas de fête partagé dans la liesse de la récolte enfin mise à l'abri, venant en point d'orgue d'une année de travail.

Autrefois les vendanges étaient un instant privilégié de retrouvailles en famille et entre voisins. C'était le temps de l'entraide, on vendangeait tour à tour chez les voisins. Le chef de vigne, chargé de donner le rythme, menait le rang. La troupe des vendangeurs, hommes, femmes et enfants, suivait et s'égaillait dans la vigne, le sécateur dans une main, le panier de bois dans l'autre. Les porteurs chargés de leur hotte circulaient dans les rangs pour vider dans les « douils » en bout de champ où le « boulaire » tassait les raisins. Ensuite, le tombereau tiré par des bœufs protégés de « mouscals » rentrait lentement au chai.

La vendange était alors foulée aux pieds, versée dans la cuve et écoulée après avoir suffisamment « bouillie » au bout de quelques jours. Le vin écoulé était soutiré dans les barriques préalablement désinfectées par une mèche de soufre. Ensuite on décuvait le reste de la vendange pour le pressurage dans un pressoir vertical rempli à la fourche. Le vin de presse était à son tour soutiré dans les barriques pour être assemblé avec le premier vin.

Le marc restant compacté dans le pressoir était conservé pour être distillé chez l'alambicaire pour faire l'eau-de-vie... rien n'était perdu.

Ceux qui n'avaient pas de pressoir faisaient de la « piquette ». Une fois le premier vin écoulé de la cuve, on « repassait » sur la vendange restante un mélange d'eau et de sucre qui, après avoir bouilli une deuxième fois, produisait la « piquette » : c'était une boisson légère et rafraîchissante bue en priorité.

Dans les chais, le premier vin désormais soutiré et libéré de ses lies était conservé dans les barriques, muits ou foudres. Ensuite on « tirait le vin » directement à la barrique après avoir installé un robinet et en ouvrant la bonde pour donner du tirage.

Saint-Vincent - Patron des vignerons

Les vendanges d'aujourd'hui

En dehors de Monbazillac, les vendanges sont aujourd'hui mécanisées à 90%.
Pourtant, la première machine à vendanger ne date que de 1971. Pourquoi une telle évolution en 30 ans seulement ?
Les avantages de la machine à vendanger sont indéniables : vitesse d'intervention, possibilité d'attendre le moment optimum pour rentrer la vendange à maturité complète, et rentabilité, notamment en personnel désormais assujetti aux charges sociales. On peut regretter le folklore, les chants des vendangeurs et les déjeuners sur l'herbe...
Ainsi, dès le début du mois de septembre, le vigneron surveille la maturité phénolique de ses raisins en fonction des cépages et des parcelles. Il dispose de trois outils : l'observation, la dégustation des baies et l'analyse, à savoir pH, polyphénols totaux, anthocyanes, degré probable, acidité totale.
Dès que le ban des vendanges est proclamé par le préfet, sur proposition des syndicats et après avis de l'INAO, le vigneron peut programmer ses vendanges. Le voilà installé pendant plusieurs jours dans sa cabine climatisée et équipée d'un auto-radio et d'un téléphone portable. La vendange recueillie dans la trémie est véhiculée par une benne jusqu'à son chai pour être déversée sur une table de tri avant de rejoindre la cuverie inox.
Désormais la cave est devenue un laboratoire qui doit présenter une hygiène parfaite du sol au plafond. C'est à ce prix que le vigneron et l'œnologue peuvent évaluer la qualité de leur produit : levurage, sulfitage, pigeage, remontage, fermentation malolactique, contrôle des températures, soutirage, filtration, centrifugation et seulement ensuite, élevage en barrique de chêne neuf de 6 à 14 mois suivant le millésime.
En dehors du chai, le vigneron redevient viticulteur. Il vit et travaille en symbiose avec le cycle végétatif de la vigne : taille en hiver, conduite de la végétation au printemps, effeuillage et vendanges vertes en été, enfin vendanges en automne.

La vigne et l'évolution sociale à Bergerac

Les vignobles de Bergerac étaient aux mains des négociants, marchands, hommes de loi et médecins, contrairement à ceux de Bordeaux où la bourgeoisie et la noblesse se partageaient la propriété viticole.
Par ailleurs, les vignerons de Bergerac étaient ouvriers ou métayers des grands propriétaires. Ils participèrent activement à la révolte frumentaire de 1773.
Ainsi une émeute prenant origine à Monbazillac éclata le 23 mai 1773, avec pour cible les grands moulins de Bergerac. Un écart social considérable séparait Bourgeois et vignerons au XVIIIe siècle.
De 1773 à 1789 les crises frumentaires se succédèrent car les vignerons, métayers et journaliers, ne supportaient plus la hausse des prix des matières premières.
La conscience populaire bergeracoise était au diapason des problèmes nationaux qui conduisirent à la Révolution française.

Marché à Bergerac - Place de la cathédrale

Les négociants

Le Syndicat des Négociants en Vins de la Région de Bergerac regroupe l'ensemble des négociants acheteurs et exportateurs de vins de Bergerac. Ils sont majoritairement girondins pour les transactions en vrac mais de nouveaux négociants s'installent pour commercialiser directement des bouteilles en mise propriété.
De négociants éleveurs, la profession évolue vers les négociants expéditeurs, cela en toute logique puisque la propriété élève de plus en plus son vin et que la distribution se concentre de plus en plus par le jeu des centrales d'achats en France comme à l'exportation. Demain, cela deviendra encore plus vrai si notre vignoble sait imposer la mise en bouteille « obligatoire » dans la région de production.

Le marché aux vins à Bergerac avant la guerre

Le samedi après-midi, devant le Palais de Justice, se tenait le marché aux vins entre les viticulteurs, les courtiers et les marchands de vin. Les affaires se discutaient sur le parvis et les règlements se faisaient au café, derrière le Palais de Justice. On dénombrait à l'époque une cinquantaine de négociants et une trentaine de courtiers. Les échantillons étaient présentés en petites fioles, les « fillettes », et les marchands de vin dégustaient dans des taste-vin.
Les principaux marchands de vin de Bergerac ont disparu aujourd'hui, excepté l'enseigne Delpérier reprise par un caviste de la place.
Anciens viticulteurs de Saint-Germain de la Barde, Léon et Auguste Delpérier avaient construit leur commerce

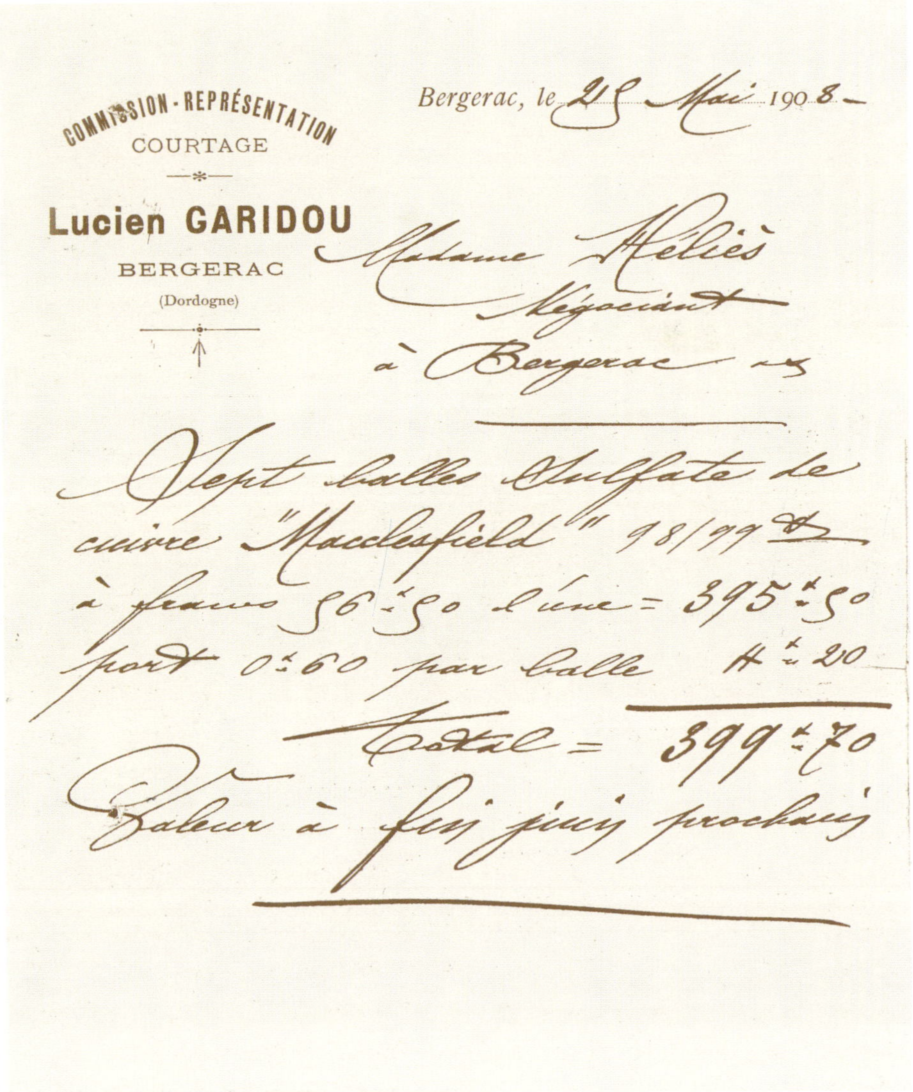

COMMISSION-REPRÉSENTATION
COURTAGE
Lucien GARIDOU
BERGERAC
(Dordogne)

Bergerac, le 25 Mai 1908

Madame Héliès
Négociant
à Bergerac

Sept balles Sulfate de
cuivre "Macclesfield" 98/99 %
à francs 56.50 l'une = 395.50
port 0.60 par balle 4.20
Total = 399.70
Valeur à fin juin prochain

parce qu'ils avaient su protéger leurs vignes des maladies, notamment du phylloxéra, grâce au sulfure de carbone, par ailleurs très dangereux pour les utilisateurs.

Fortune faite, les descendants de Léon Delpérier se consacrèrent au commerce des vins. Après avoir aménagé un premier chai rue Valette, ils s'installèrent rue Lakanal, en face du collège. Ainsi, Édouard Delpérier est devenu après la guerre le premier marchand de vin de Bergerac. Il était un des meilleurs dégustateurs du Sud-Ouest et fut un fervent promoteur du Pécharmant. Le développement de l'exportation fut à l'origine de l'expansion. M. Jonchère, beau-frère et associé de Delpérier, était le spécialiste de l'exportation car il parlait plusieurs langues dont l'anglais, l'allemand et l'italien. La succession fut assurée en 1926 par André Delpérier qui sortait de HEC.

Les Pépiniéristes

Après le phylloxéra, le greffage de vignes françaises (greffon) sur vignes américaines (porte-greffe) permit de reconstituer le vignoble français.

Le premier porte-greffe utilisé fut le riparia. Puis les chercheurs purent obtenir des porte-greffes adaptés à nos terroirs par hybridation entre cépages américains ou entre cépages américains et français.

Le pépiniériste viticole cultive les greffes-boutures afin de produire des plants greffés-soudés en vue de leur commercialisation auprès des viticulteurs.

La région bergeracoise la plus propice pour la production de pépinières se situe dans le secteur de Lamothe-Montravel de part et d'autre de la Dordogne.

Les Courtiers en vin

La profession de courtier fut réglementée en 1243 sous Saint Louis, puis par la loi du 31 décembre 1949.

Plus récemment, un examen a été institué par décret du 30 mai 1997 sous la tutelle du Ministère de l'Agriculture, de la Pêche et de l'Alimentation.

Intermédiaire de commerce placé entre la viticulture et le négoce, le courtier se doit d'en être le conseiller efficace et discret. Connaisseur avisé du marché, il rapproche commercialement deux familles professionnelles complémentaires, permettant à chacune d'accomplir son propre métier, tout en restant le garant moral de la bonne fin de la transaction et de l'exécution des engagements qu'il a mis en œuvre.

Il est rémunéré par une commission ou taux de courtage établi selon les usages locaux. En Aquitaine, ce taux est de 2% à la charge de l'acheteur.

Hiver 1956

En fait, la corporation des courtiers compte trois catégories :

Les Courtiers de campagne :
Ils parcourent le vignoble et effectuent 90% des transactions.

Les Courtiers assermentés :
Beaucoup de courtiers de campagne sont assermentés. Ils sont chargés des expertises, d'établir les cotations officielles des vins au regard des transactions de la place. Ainsi, ils publient chaque mardi dans le journal Sud-Ouest les cotations de la place de Bergerac et de Bordeaux.

Les Courtiers Jurés-Experts, Piqueurs de Vin de Paris :
Ils sont devenus agents de grandes marques et groupement professionnel d'experts près du Tribunal de Commerce de Paris.
Ils éditent chaque année une carte des millésimes des vins de France qui fait référence.

En France, le nombre de courtiers inscrits au Registre du Commerce est de 600 actuellement. Les trois familles sont ainsi réunies dans la Fédération Nationale des Syndicats de Courtiers en Vins et Spiritueux de France.

Les caves coopératives

En Dordogne le mouvement coopératif viti-vinicole voit le jour en 1935.
- 1935 voit la création de 4 caves coopératives : Lamothe-Montravel, Montcaret, St-Vivien-de-Vélines, Port-Sainte-Foy.
- En 1939 : Sigoulès, Carsac de Gurçon et Villefranche-de-Lonchat.
- En 1940 : Le Fleix et Monbazillac.
- En 1941 : Bergerac.

Cet élan et cet engagement pour la coopération ne s'arrête pas là. Dès 1947, les caves de Lamothe-Montravel et Monbazillac se regroupent et confient la commercialisation de leurs produits à l'Agence Gouzon. En 1948, la cave de Saint-Émilion rejoint le groupement. En 1949, les trois caves fondent la société commerciale Producta avec l'Agence Gouzon.
Les gelées de 1956 sur le vignoble sont à l'origine du regroupement général des caves de Dordogne à l'initiative encore une fois de la cave de Lamothe-Montravel. En 1960, la cave de Monbazillac achète le château de Monbazillac. En 1961, c'est la création d'Unidor qui

regroupe les dix caves de Dordogne sur le site de Lamothe-Montravel. Enfin en 1966, Unidor construit son centre d'embouteillage à St-Laurent-des-Vignes sur un terrain de la cave de Monbazillac. En 1970, Producta transfère ses bureaux dans les locaux d'Unidor à St-Laurent-des-Vignes. En 1971, Raymond Chandou devient Président de S.A. Producta qui rachète l'année suivante l'Agence Gouzon pour constituer la SICA Producta.
Unidor et Producta sont à l'origine de la principale organisation commerciale de coopératives vinicoles du Sud-Ouest à travers ce qui deviendra l'Union Centrale Coopérative Vinicole Sovicop Producta, plus connue sous le nom d'UCCV Sovicop Producta.
Dès 1974, Producta axe sa politique commerciale vers la grande distribution et l'exportation. En 1987, Guy Prévosteau devient président de la SICA Producta. En 1991, le siège social de Producta est transféré à Bordeaux. En 1992, Guy Mercadier devient Président de Sovicop Producta S.A. En 1997, Rémy Garuz devient président de Producta S.A. En 1999, pour son cinquantenaire, Producta réalise un chiffre d'affaires de 282 millions de francs dont 100 millions à l'exportation, pour un volume total de 18 millions de bouteilles d'AOC.
SOVICOP, qui a la même origine que Producta est une Union de Coopératives Agricoles spécialisée dans la mise en marché du vrac et articulée autour du double pôle « prestation de service » et « collecte-vente ». Sovicop compte aujourd'hui 23 sociétaires et affiche un chiffre d'affaires de 225 millions de francs pour un volume de 240 000 hectolitres.

Les caves particulières de Dordogne

Les vignerons indépendants sont regroupés dans la Fédération départementale des Caves Particulières et la Confédération Nationale des Caves Particulières (CNCP) regroupant 33 fédérations.
C'est une force de proposition qui a la volonté de faire un syndicalisme efficace sur les grandes questions du monde viticole : OCM, Loi Évin, réglementation, communication... La marque collective « Caves Particulières » s'appuie sur une charte et un logo qui est devenu aujourd'hui le signe de reconnaissance des vignerons indépendants.
C'est un Bergeracois, M. François Gérardin, qui a été élu en 1999 président national des Caves Particulières.

Les caves coopératives viticoles de Dordogne

7 coopératives
690 viticulteurs
3 900 hectares
200 000 hectolitres (33%)

Les Caves en 1999	Superficie en hectares	Volumes	AOC
Cave Coopérative de Monbazillac Route de Mont-de-Marsan 24240 Monbazillac	642	20 575	Bergerac rosé, Bergerac rouge, Bergerac sec, Côtes de Bergerac, Monbazillac.
Union Vinicole de Bergerac-Le Fleix Route de Prigonrieux 24130 Le Fleix	1 203	61 204	Bergerac rosé, Bergerac rouge, Bergerac sec, Côtes de Bergerac, Montravel, Pécharmant.
Cave des Producteurs de Montravel-Sigoulès Mescoules 24240 Sigoulès	1 147	64 123	Bergerac rosé, Bergerac rouge, Bergerac sec, Côtes de Bergerac rouge, Côtes de Bergerac blanc.
Union des Viticulteurs de Port-Ste-Foy Route de Bordeaux 33220 Port-Ste-Foy	426	21 550	Bergerac rosé, Bergerac rouge, Bergerac sec, Côtes de Bergerac blanc, Haut-Montravel, Montravel.
Viticulteurs Réunis de St-Vivien et Bonneville 24230 St-Vivien	477	25 127	Bergerac rosé, Bergerac rouge, Bergerac sec, Côtes de Bergerac rouge, Côtes de Bergerac blanc, Côtes de Montravel, Montravel.
Cave du Vignoble Gurçonnais La Grappe de Gurçon 24610 Carsac	406	20 065	Bergerac rosé, Bergerac rouge, Bergerac sec, Côtes de Bergerac rouge, Côtes de Bergerac blanc, Montravel.
Cave des deux Vignobles 24610 Villefranche-de-Lonchat	205	10 435	Bergerac rouge, Bergerac sec.

Le CIVRB

Conseil Interprofessionnel des Vins de la Région de Bergerac.
L'Interprofession de Bergerac a été créée par la loi du 26 février 1953 et modifiée par celle du 1er décembre 1993.
Le CIVRB est un organisme officiel de droit privé doté des prérogatives de droit public reconnue par l'État. Il regroupe l'ensemble des producteurs et des négociants produisant ou commercialisant les vins de Bergerac, chacune des deux familles étant représentée par l'intermédiaire de son syndicat professionnel.
Le Conseil est composé de 18 membres à parité à voix délibérative et de membres à voix consultative représentant les instances administratives et les organismes départementaux, régionaux et nationaux concernés par les vins de Bergerac.
Le bureau est composé de 6 membres à parité. Il est l'organe d'exécution des décisions de l'assemblée générale. Le financement provient de taxes professionnelles et de cotisations « volontaires et obligatoires » !
Le CIVRB est adhérent au CNIV (Comité National des Interprofessions des Vins à appellations d'origine).
L'interprofession française issue de la loi du 10 juillet 1975 a été confirmée comme organisme de filière par le Conseil de l'Union Européenne le 17 mai 1999 dans le cadre de l'OCM (Organisation Commune du Marché viti-vinicole - article 41).
Le fonctionnement de l'interprofession repose sur trois principes : représentativité, équilibre paritaire et unanimité.

Les trois missions du CIVRB

Sur le plan économique, L'action du CIVRB vise essentiellement à suivre la commercialisation des vins de Bergerac sur les différents marchés dans le monde. Il joue un rôle actif dans l'orientation et la régulation du marché et dispose d'une véritable banque de données permettant une transparence exacte du marché. Ainsi le CIVRB organise et harmonise les pratiques et les relations professionnelles en usage visant à une meilleure gestion de la production et du marché.

CIVRB

Caveau du Cloître des Récollets

Sur le plan technique, le CIVRB consacre un budget important à la défense de la qualité à travers son laboratoire chargé également d'une triple mission : analyse, conseil et recherche.
Le CIVRB veille aussi au sérieux qualitatif des produits dans le cadre du « Suivi Aval Qualité ». Par ailleurs, les analyses du laboratoire interviennent dans les dégustations d'agrément, dans les concours de vins ainsi que dans la formation des dégustateurs.
Enfin, la recherche est conduite en partenariat avec la Chambre d'Agriculture, la DRAF (Direction Régionale de l'Agriculture et de la Forêt) et la Fédération des Syndicats Viticoles.
Nos chercheurs sont en relation permanente avec l'Institut d'Œnologie, le Laboratoire de Mycologie et Biotechnologie Végétale de la Faculté de Pharmacie de Bordeaux et l'INRA (Institut National de Recherche Agronomique).
En ce début de millénaire, les travaux de recherche portent sur les « polyphénols de la vigne », les stilbènes et leurs aspects phyto-pathologiques en vue de stimuler les défenses naturelles de la vigne. Cette démarche s'inscrit dans le cadre de la lutte raisonnée afin de limiter l'emploi de pesticides.
Mais la mission principale du CIVRB concerne la promotion et la communication.
La nouvelle image de « L'Autre Grand Vignoble d'Aquitaine » s'est imposée comme un choix astucieux qui tire Bergerac vers le haut en faisant un clin d'œil respectueux aux vins de Bordeaux. Le CIVRB investit plus de la moitié de son budget dans la communication, au travers de campagnes de presse et d'affichage, d'expositions dans les salons professionnels ou grand public, de relations publiques et relations presse.
Il mène des actions collectives de publicité et d'information visant à valoriser et promouvoir les vins de Bergerac sur les différents secteurs de distribution en France et à l'exportation : hypermarchés, supermarchés, circuits traditionnels, cavistes et restaurants.

CIVRB

Salle de dégustation

La Cour du Cloître

En 1621, Louis XIII ordonna la destruction des remparts et du château en ruine et accorda aux Récollets le jardin du château pour y bâtir un couvent. Il exempta les moines de certaines taxes et leur accorda la libre entrée de vivres et de vins nécessaire à leur subsistance, qu'ils entreposaient dans leur caveau.
Le cloître, jusqu'à son rachat par le Docteur André Cayla, fut affecté à diverses œuvres et associations. Le Docteur Cayla, qui donna son nom à la place jouxtant le cloître, n'ayant pas d'héritier, voulut à sa mort affecter ce bâtiment à une institution d'intérêt économique. Monsieur Delpérier racheta ce bâtiment et le rétrocéda à l'Interprofession naissante, en 1954.

Le Caveau de la Vinée

Le caveau était partagé en deux. La petite partie servait de cellier aux moines pour entreposer les produits locaux : châtaignes, truffes, grains... que les moines descendaient par une trappe.
La partie voûtée en pierre, datant du XIIe siècle, était un entrepôt où étaient livrées les barriques de vin. Les vins étaient ensuite emmenés par la petite porte basse vers l'ancien port Cadouin (le quai Salvette), à côté du château, pour être ensuite transportés en gabare vers Bordeaux.
Aujourd'hui, le caveau est le lieu privilégié où le Consulat de la Vinée de Bergerac tient fréquemment conseil dans le cadre de cérémonies d'intronisation.

L'École des Œnophiles

Il n'est pas vain d'apprendre le vin.
Le grand public dispose à la Maison des Vins de Bergerac de formations spécifiques dans le cadre de l'École des Œnophiles. Au printemps 1999, les élèves ont ainsi étudié les origines de la vigne et du vin, les terroirs de la zone d'appellation des vins de Bergerac, la vinification et l'élevage des vins, les conseils pratiques pour entretenir et établir sa cave, ils ont effectué des tests olfactifs et gustatifs et

Cloître des Récollets

appris les techniques et le vocabulaire de la dégustation. Un éventail riche de thèmes déclinés en fonction du public de chaque session, puisque celles-ci, déjà ouvertes au grand public, développeront également des cursus pour les professionnels et même les estivants.

Le Consulat de la Vinée

Nous avons vu dans l'historique l'importance des Consuls de la Vinée de Bergerac qui siégèrent de 1254 à 1789. En 1954, pour commémorer le 7ème centenaire des franchises municipales de Bergerac, le CIVRB reconstitua l'ancienne lieutenance et lui donna le titre de Consulat de la Vinée, dont le sceau porte un pied de griffon d'or sur champ de gueule, et la date 1254.

Les consuls font connaître et apprécier les vins de la région de Bergerac en France comme à l'étranger où le Consulat de la Vinée, composée de 8 membres, a créé deux délégations, une en Belgique, l'autre aux États-Unis. Il tient chapitre dans le caveau du cloître des Récollets et admet de nouveaux promus, dont l'un des derniers en date est le Prix Nobel de la Paix 1999, Monsieur Philippe Biberson, Président de Médecins sans Frontières. Des titres honorifiques peuvent être attribués à des dignitaires choisis.
À la fin du deuxième millénaire, le Consulat de la Vinée de Bergerac dénombre 1 540 personnes intronisées. Le Consul-Maistre qui a contribué à l'expansion du Consulat depuis 1978 est Monsieur René Grossoleil.

Les membres fondateurs du Consulat de la Vinée de Bergerac :
M. Vigier de Gaston, président du Syndicat des Vins de Bergerac et du CIVRB.
M. Vincenot, courtier en vins.
M. René Bouyer, courtier en vins, membre du Conseil d'Administration du CIVRB.
M. René Royère, ancien président du CIVRB.
M. André Delpérier, négociant en vins et administrateur du CIVRB.
M. Somagne, négociant en vins.
M. Bardin, viticulteur à Pomport.
M. Armand Vidal, viticulteur à Monbazillac et ancien président du CIVRB.

Les consuls de l'an 2000
Grand Maître, M. René Grossoleil.
Consul-Syndic, M. Armand Vidal.

Consul-Chartiste, Maître Jacques Gaillard.
Consuls maistres, MM. François Ossard, Pierre Barde, Jean Bertrand, Jean Borderie, Laurent de Bosredon, Christian Chabrol, Claude Chadourne, Marc Chavant, Odette Chevre, Michel Delpon, Jean-Pierre Frutteron, François Goubault de Brugière, René Lafon, Gérard Lajonie, Jean-Pierre Martrenchard, Patrick Montfort, Jacques Mournaud, Pierre-Jean Sadoux, Guy Roussely, François-Xavier de Saint-Éxupery, Christian Vallette.

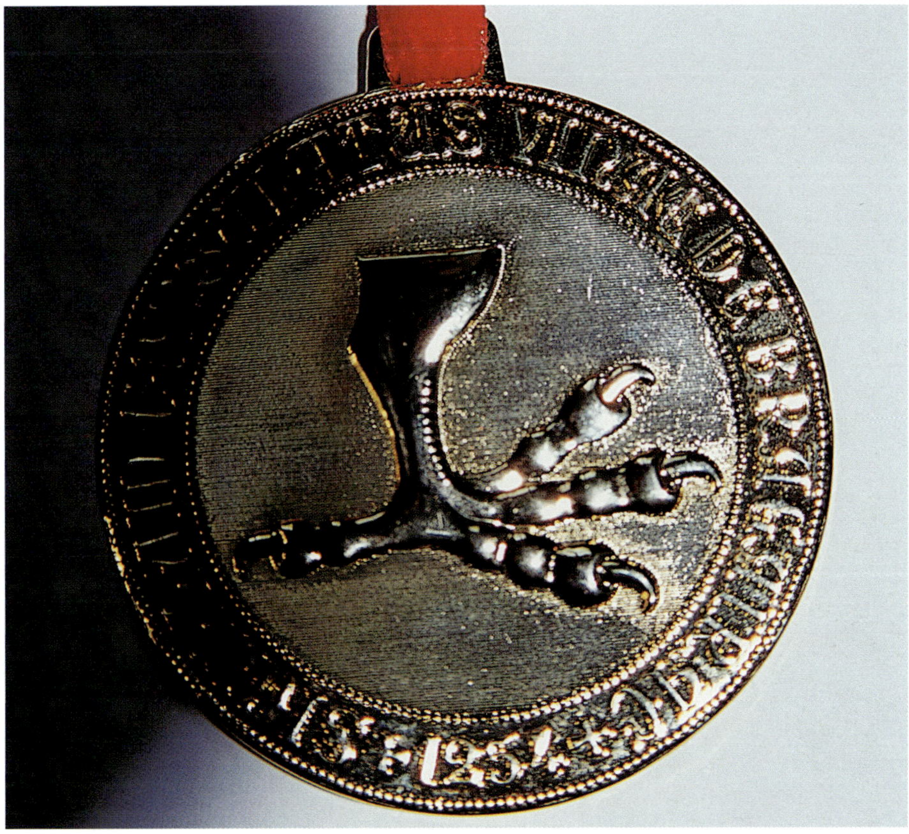

La Confrérie des Moines beuveurs de Saussignac

Cette confrérie fut créée le 25 juillet 1992. Boisserie de Masmontet, dans sa monographie du canton de Sigoulès, attribue à Rabelais l'origine des moines beuveurs de Saussignac.
L'historien Patrick Esclafer de la Rode consacre également un chapitre aux Estissac dont Rabelais fur le précepteur, confirmant ainsi que le Saussignac cité par Rabelais est bien celui du Bergeracois.
Effectivement, il y avait à Monestier un monastère de moines qui fut visité par Clément V en 1304. Rabelais, moine franciscain, fut transféré chez les moines bénédictins sur dérogation papale à la demande de Geoffroy d'Estissac. Les moines « beuveurs » étaient donc de Monestier mais buvaient bien du Saussignac.

Le Laboratoire du CIVRB

Plus de 1 500 échantillons ont été analysés en 1999 dans le respect de l'Assurance Qualité « COFRAC ». En plus de l'activité d'analyse et de conseil en vinification, le laboratoire propose un service de suivi viticole, de la vigne au vin : analyse des sols, choix des cépages, culture raisonnée, contrôle de maturité phénolique.
Cette œnologie de terrain constitue un puissant levier d'augmentation de la qualité des vins de Bergerac.

Stilbènes et polyphénols

Les stilbènes de la vigne et du vin sont une famille de composés phénoliques qui auraient une action à la fois sur la santé des hommes mais également un impact important sur la faculté des vignes à se défendre elles-mêmes contre les maladies.
Les analyses par chromatographie liquide haute-performance ont permis d'établir que les vins rouges de Bergerac étaient beaucoup plus riches en stilbènes que les vins blancs.
L'objectif est de trouver un moyen naturel pour stimuler leur synthèse. Le laboratoire du CIVRB s'intéresse à deux facteurs qui ont une action sur la production des stilbènes en culture in vitro : le méthylsolicylate, un dérivé de l'acide salicylique et des parois purifiées de champignons parasites de la vigne : *Etypa lata* (El), *Botrytis cinerea* (Bc), *plasmopara viticolor* (Pr), qui stimulent la biosynthèse des stilbènes.
L'étude a été poursuivie en champ confirmant ces expériences.
Ainsi la recherche appliquée du CIVRB s'inscrit dans un souci environnemental, avec l'objectif d'éviter l'emploi des pesticides et d'augmen-

Muscadelle

ter parallèlement la richesse des vins en polyphénols.

La Maison des vins

De tout temps le cloître des Récollets a été lié à l'histoire du vignoble bergeracois et de ses hommes. Aujourd'hui, cette demeure bâtie autour d'une cour intérieure élégante au cœur du vieux-Bergerac garde ses allures XVIIème, mais a su allier la beauté de ses pierres aux besoins de la Maison du Vin et du CIVRB.

Expositions, conférences, séminaires, réceptions, concerts, initiations à la dégustation... trouvent leur place dans cet espace d'authenticité, qu'il s'agisse de l'ancienne galerie en bois, du jardin en terrasse surplombant la Dordogne et égayé d'arbres et de bignones, des caves où le chapitre de la Vinée procède à de très solennelles intronisations.

La FVB, Fédération des Vins du Bergeracois

Les Syndicats Viticoles

La Fédération des Vins du Bergeracois a été créée le 31 octobre 1984 et modifiée le 28 juillet 1993. Elle rassemble les syndicats viticoles de la région de Bergerac. Elle est la composante « production » du CIVRB.

Les trois missions principales de la FVB :
- l'organisation de l'agrément des AOC,
- la distribution des capsules congés,
- l'administration des 6 syndicats viticoles.

Les 6 syndicats du Bergeracois ont pour objet :
- de défendre et promouvoir les appellations,
- de défendre les intérêts des producteurs de vins d'AOC,
- d'être l'interface des producteurs vis-à-vis des organismes officiels.

L'INAO et l'AOC

Institut National des Appellations d'Origine

Le décret-loi promulgué le 30 juillet 1935 constitue l'acte de naissance des Appellations d'Origine Contrôlée (AOC) et celui du Comité National des Appellations d'Origine, devenu le 16 juillet 1947 l'Institut National des appellations d'Origine (INAO).
Comme souvent en Agriculture, ce sont les professionnels eux-mêmes qui ont réussi à instituer une discipline de production qui fit force de loi avec l'auto-

rité de l'État. La paternité en revient à Joseph Capus, devenu sénateur de la Gironde, qui avait jeté les bases de cette réglementation.
Les membres de l'INAO sont nommés pour 6 ans par le ministre de l'Agriculture. Au préalable, le Préfet de Région, Commissaire de la République, consulte toutes les organisations professionnelles de la viticulture (Syndicats viticoles et Syndicat des Négociants) en leur demandant de lui soumettre une liste de candidats éventuels pour siéger au Comité Régional de l'INAO. Les membres du Comité National sont recrutés dans les Comités Régionaux et nommés pour 6 ans par un arrêté conjoint du ministre de l'Agriculture et du ministre de l'Économie, des Finances et du Budget. Le Comité National comprend également des représentants de l'Administration ainsi que des personnes qualifiées de la profession et du commerce.
Au 1er janvier 2000, le nombre de vins AOC en France est de 450, tous produits confondus, dont 400 en vins et alcools. Ce régime des Appellations d'Origine en France a fait ses preuves et plusieurs pays viticoles s'en inspirent largement. L'Union Européenne a reconnu le principe des VQPRD lors de la création de l'OCM (Organisation Commune des Marchés) en 1962, puis lors des règlements viticoles de 1970, de 1992 et de 1999. Toutefois, il reste encore à instituer une protection internationale des AOC face aux contrefaçons dans le cadre de l'OMC (Organisation Mondiale du Commerce).
L'AOC reste la propriété d'un acte paysan, à savoir : l'homme, la terre, le produit.
En 1999, l'Interprofession de Bergerac a mis en place un contrôle du produit dans les magasins. C'est le Suivi Aval Qualité (S.A.Q.) reconnu par le CNIV et l'État.

Sauvignon Gris

La chambre d'Agriculture

En 1840, le maréchal Bugeaud, alors député de la Dordogne, propose une loi tendant à créer des Chambres d'Agriculture. Ce projet n'aboutira que le 3 janvier 1924 et en 1927 la loi créera des ressources pour ces Chambres.
Ainsi, la Chambre d'Agriculture de Dordogne est l'organisme consulaire du monde agricole structuré en 11 700 exploitations pour une population agricole familiale de 32 000 personnes en Dordogne.
Concernant la viticulture, la Chambre d'Agriculture met à la disposition des viticulteurs une équipe de conseillers viticoles et travaille en partenariat avec la filière, notamment avec le CIVRB et la FVB en matière de laboratoire et de recherche scientifique. Le Comité Régional de Développement Agricole (CRDA) du Bergeracois, installé au Domaine de la Brie, est en liaison avec l'INRA, l'ITV, l'ACTA, la Protection des Végétaux, les œnologues et les fournisseurs de matériel végétal, de produits phytosanitaires et d'équipement de chais.
Le Conseiller Viticole a une mission d'information et de formation. Il est le trait d'union entre la recherche scientifique et la viticulture.

La CCI de Bergerac

Chambre de Commerce et d'Industrie

La Chambre de Commerce et d'Industrie est l'organisme consulaire du Commerce et de l'Industrie de la région de Bergerac. Elle a été créée par la loi organique du 9 avril 1898, en même temps que celle de Périgueux. Pourquoi deux chambres de Commerce et d'Industrie pour un même département ? Le vignoble de Bergerac et ses négociants y sont pour beaucoup. En effet, les vins de Bergerac étaient exportés depuis déjà longtemps par la voie naturelle de la rivière Dordogne. De plus, il existait depuis 1896 un syndicat des vins en gros de la Dordogne composé d'une quarantaine de négociants de Bergerac. Selon Monsieur André Delprier « les négociants de Bergerac ne voulaient pas être rattachés à Périgueux qui, selon eux, ne connaissait pas les problèmes de production et de négoce de vin ». Bien évidemment, d'autres facteurs plaidaient en faveur de la partition. Le relief et l'absence de communications réelles entre les deux villes, ni voie ferrée, ni voie navigable, mais aussi l'histoire qui a divisé le Périgord, la guerre de Cent Ans et les guerres de religion. Par ailleurs, le vin et les Chambres de Commerce ont toujours fait bon ménage. Il faut en effet rappeler que c'est la Chambre de Commerce de Bordeaux qui est à l'origine du fameux « Classement des Grands Crus de 1855 », et plus tard de Vinexpo, le plus grand salon mondial des vins et spiritueux.

Aujourd'hui, les missions de la CCI de Bergerac sont multiples. Elle développe des actions de formation en matière technico-commerciale spécifique au commerce du vin, et notamment le certificat « d'Assistant Polyvalent Viti-Vinicole » en partenariat avec le lycée viticole de la Brie. Elle réalise des missions d'exportation pour les acteurs de la filière, et propose ses services concernant les créations d'entreprises et tout autre question touchant au commerce et au développement des entreprises.

L'enseignement viticole et œnologique du Bergeracois

L'enseignement viticole et œnologique de second degré dépend du Ministère de l'Agriculture, de la Pêche et de l'Alimentation. Il est dispensé en Bergeracois dans deux établissements :

- Le lycée viticole de Bergerac.

Le BEPA et le BAC professionnel viticulture-œnologie conduisent à tous les métiers de techniciens de chai, chef de culture ou plus généralement viticulteur-exploitant.

Le BTSA. Commercialisation des Vins & Spiritueux, ainsi que le Contrat de Qualification d'Assistant Polyvalent Viti-vinicole (en partenariat avec la Chambre de Commerce et d'Industrie de Bergerac et le Centre de Formation professionnelle des Apprentis) conduisent aux métiers de technico-commercial ou conseiller en vin en grande distribution.

Après une formation au lycée de la Brie, les élèves peuvent poursuivre leurs études en BTSA, et même en faculté d'œnologie.

- Le lycée agricole privé du Cluzeau et l'IFAAC.

L'IFAAC est annexé au lycée du cluzeau et dispense de formation de niveau III : B.T.S.A Technico-Commercial en boissons, vins & spiritueux en contrat de qualification. Le B.T.S.A. conduit aux métiers de vendeur, technico-commercial ou directeur des ventes.

L'enseignement hôtelier.

À noter qu'il existe des Écoles hôtelières en Dordogne ayant un lien étroit avec les vins de Bergerac :

- Lycée professionnel régional Jean Capelle - section hôtelière
- Lycée professionnel de Sarlat - section hôtelière
- L'École Hôtelière du Périgord
- L'École Supérieure de Savignac

L'Office de Tourisme de Bergerac et du Périgord Pourpre

Créé en 1923, le Syndicat d'Initiative de Bergerac est une association « Loi 1901 » devenue en 1980 l'Office de Tourisme de Bergerac et du Périgord Pourpre, sous convention pluriannuelle avec la Mairie de Bergerac. Selon les statuts, le Conseil d'Administration, le bureau et le président sont élus tous les trois ans. Sa vocation est l'accueil et l'information touristique sur la région bergeracoise et la promotion de la destination sur les marchés français et étrangers. L'Office de Tourisme dispose également d'une centrale de réservation et d'un site Internet « bergerac.tourism.com ». Un partenariat établi avec le CIVRB a permis à l'Office de Tourisme d'ouvrir un « Point i » situé dans le Cloître des Récollets à la Maison des Vins, place du Docteur André Cayla, au cœur du « Vieux-Bergerac », devant la statue de Cyrano de Bergerac.

L'ONIVINS

Office National Interprofessionel des Vins

L'ONIVINS est l'office de la filière viti-vinicole créé le 18 mars 1983. C'est un établissement public à caractère industriel et commercial. L'ONIVINS est chargé de mettre en œuvre des mesures relatives à l'orientation du secteur viti-vinicole et est désigné comme organisme d'intervention au regard de l'Union Européenne. C'est l'instance suprême de concertation entre les différentes familles de la production et du négoce d'une part, et des Pouvoirs Publics d'autre part.

La DDAF

Direction Départementale de l'Agriculture et de la Forêt

La DDAF est le service extérieur du Ministère de l'Agriculture et de la Pêche. À ce titre, elle est chargée de l'application de toutes les mesures de politique agricole, forestière, rurale et agro-alimentaire mises en œuvre par le Ministère de tutelle. Elle est aussi appelée à intervenir dans l'exercice de certaines missions relevant du Secrétariat d'État à l'Environnement.

Les organismes administratifs

La DGDDI (Direction Générale des Douanes et Droits Indirects) est chargée d'appliquer la réglementation relative aux Contributions Indirectes, la réglementation communautaire, mais également du contrôle statistique des expéditions et des exportations.

La DGCCRF (Direction Générale de la Concurrence, de la Consommation et de la Répression des Fraudes) est chargée de faire respecter la réglementation viti-vinicole, mais également de contrôler l'économie viti-vinicole : loyauté de la concurrence, sécurité et santé des consommateurs, promotion de la qualité des produits, bonne information des consommateurs, contrôle des prix.La DGCCRF dispose d'un laboratoire, d'un réseau de « correspondants vins » et d'agents spécialisés composant la Mission d'Enquête Vins & Spiritueux (MEVS).

Lycée Château la Brie

4
Autour des vins de Bergerac

Les fêtes des Vins de Bergerac

L'Association des « Fêtes du Vin de Bergerac » est née en 1998 dans le cadre de la Semaine des Vendanges. À Bergerac, cette gerbebaude vient en point d'orgue de la Semaine des Vendanges au cours de laquelle se déroulent des manifestations traditionnelles :

- Parade des vendanges sur le port de Bergerac : parade des viticulteurs avec charrettes tirées par des bœufs ou des chevaux et chargées de barriques, présentation des vieux métiers, dégustation de bourru et châtaignes.
- Concert classique et ventes aux enchères de vins au profit d'œuvres caritatives.
- Courses aux trésors des écoles du Bergeracois ou des lycées viticoles de Bergerac.
- Concours des vitrines des commerçants de Bergerac sur le thème des vendanges.
- Concours du Vin de Monbazillac par élimination directe.
- Vendanges nocturnes et procession aux flambeaux dans le cadre d'une soirée occitane en langue d'oc.
- Balade dans les vignes et courses pédestres dans les pépinières.
- Dîner dansant de la gerbebaude qui réunit plus de 500 personnes de tous horizons : viticulteurs et leurs vendangeurs, professionnels du vin, invités, amateurs et défenseurs des traditions bergeracoises, touristes...

La Table de Cyrano

C'est devenu l'événement marquant du 14 juillet sous l'égide de la Ville de Bergerac, maître d'œuvre du feu d'artifice. Tous les trésors de la gastronomie du Périgord et tous les grands vins de Bergerac réunis pendant quatre jours avec des spectacles gratuits en un même village gourmand, la Table de Cyrano.

Les foires aux Vins de Bergerac

La Foire aux Vins de Sigoulès se déroule le 3ème week-end de juillet depuis 1975.
La Foire aux Vins et aux Produits Régionaux de Lalinde, le 1er week-end d'août.
La Foire aux Vins et aux Produits Régionaux de Cénac, le 1er week-end d'août.
La Fête de l'Huître et du Vin Blanc d'Eymet, le 15 août.
La Foire aux Vins et aux Produits Régionaux de Thiviers, le 3ème week-end d'août.

Les musées du Vin

À Bergerac, nous avons deux musées consacrés au vin :
- le Musée du Vin et de la Batellerie,
- le Musée du Vin du Château de Monbazillac.

La Batellerie

Tout d'abord la vallée de la Dordogne facilita le peuplement, pour preuve les gisements paléolithiques qui la jalonnent de Couze à Pécharmant et à Montcaret. La rivière fut aussi une frontière entre Wisigoths et Francs de Pépin le Bref, Toulousains et Aquitains, Capétiens et Plantagenêts. Une voie romaine la traversait à gué à Pontours, près de Lalinde selon l'itinéraire d'Antouin au IIIème siècle.
La ville de Bergerac devint une position stratégique de par la construction de son château et de son pont, le seul de toute la vallée. Ainsi Bergerac devint un port fluvial important, carrefour naturel du commerce des merrains et des vins. En effet, les merrains de chêne ou de châtaignier descendaient du Limousin et de l'Auvergne pour la fabrication des barriques indispensables à l'élevage et au transport des

Batellerie en 1920 - Chantier Arnouil

vins via Bordeaux et l'exportation. Du fait des hauts fonds de la rivière, les bateliers utilisaient des bateaux à fond plat : couperets, argentats, couraux et gabares. Ces bateaux étaient souvent démontés à leur arrivée et cet approvisionnement en bois de qualité permit la constitution à Bergerac d'un centre de tonnellerie très prospère sous Louis XV. On trouve encore dans les charpentes des mortaises inutiles, preuve de leur première utilisation.

D'autres bateaux remontaient le cours de la rivière en utilisant parfois la voile, mais plus souvent tirés par des hommes, puis par des bœufs au moyen des chemins de halage. Ce trafic particulièrement intense, jusqu'à 430 embarcations, offrait un potentiel de 15 000 tonneaux.

Ainsi, Bergerac disposait à La Pelouse de deux chantiers navals (Arnouil et Longea) qui restèrent longtemps en activité. Il existe encore aujourd'hui l'un des hangars du chantier naval Arnouil dans lequel on a retrouvé un mât de gabare de 12 mètres de long.

Il ne faut pas oublier pour autant la pêcherie de Bergerac qui faisait également un grand usage de la batellerie.

La navigation sur la Dordogne était souvent difficile. Il fallait jouer avec le débit et les crues. Le passage le plus dangereux était le Saut de la Gratusse à Lalinde. La navigation était confiée à des pilotes locaux, les « Lamaneurs », qui aidaient à franchir les « maigres » et les rapides des Porcherons moyennant rémunération.

La navigation était onéreuse et, avant 1789, il y avait 15 péages entre Souillac et Vayres.

En 1826, on supprima le quartier de l'arrondissement maritime entre Bordeaux et Bergerac, il fallait 15 à 20 jours à la remontée, de Libourne à Souillac. Ainsi le roi Louis-Philippe décida la construction du canal de Tuilières à Mauzac, évitant le Saut de la Gratusse.

Chantier de la Gabare

Le Second Empire ne voulut pas être en reste et en 1853 on construisit le barrage de Salvette à Bergerac. Ce barrage et ceux qui suivirent régulèrent le cours de la rivière pour mettre un terme aux inondations. Mais les saumons ne remontèrent plus notre belle rivière, ni les gabares qui furent remplacées par le chemin de fer.

La gabare

Mise à l'eau en 2000, la gabare « Les Vins de Bergerac » devient le symbole de la « Rivière Espérance » entre la ville de Bergerac et son vignoble.

Elle a été construite en partenariat par le CIVRB et la Mairie de Bergerac.
Trois grands objectifs sous-tendent ce projet :
- contribuer au développement de la fréquentation touristique estivale de Bergerac et de son terroir proche,
- créer un support de communication original pour concourir à la promotion du vignoble de Bergerac et de ses vins,
- réaliser un outil de qualité pédagogique pour permettre aux enfants scolarisés à Bergerac, ou plus largement dans la vallée de la Dordogne, de découvrir le milieu fluvial et l'histoire de son exploitation.

Le chantier, commencé en juillet 1999 et installé sur le port, aura animé la vieille ville et la rivière pendant deux étés pour le plaisir des touristes, mais aussi des Bergeracois heureux de voir revivre le site portuaire, ses quais et son plan d'eau.

La Tonnellerie à Bergerac

Bergerac était un centre important de tonnellerie du fait de la descente des merrains d'une part et de la production des vins destinés à l'exportation d'autre part.
En 1724, on dénombrait 74 tonneliers

à Bergerac, 14 à Saint-Martin, 11 à Montcuq et Monbazillac. En 1672, les marques des tonneliers furent déposées sur le registre de l'Hôtel de Ville à la suite d'un contrôle des Consuls. Ainsi, les tonneliers furent soumis à un strict contrôle de la part des autorités consulaires. Une réglementation sévère précisa les modalités de fabrication des tonneaux et chaque fabriquant posséda sa marque.
Les charpentiers de barriques juraient de ne fabriquer que de la « futaille bonne et marchande à la jauge de la ville ». Celle de Bergerac était d'environ 92 pots, ce qui donnait une contenance de 208 litres. La barrique de Bordeaux contenait 100 pots, soit 225 litres.

Le vin de macadam

C'est le nom que l'on donnait aux vins blancs de la région de Bergerac lorsqu'ils étaient vendus en primeur au mois de novembre. Les vins bourrus voyageaient en barrique, une paille de seigle à travers la bonde permettait d'évacuer le dégagement gazeux du vin encore en fermentation. Ce vin de macadam, bu à Paris et dans l'ouest de la France, a été commercialisé jusqu'en 1953. C'était en quelque sorte l'ancêtre des vins primeurs actuels.

La renaissance de la barrique

Depuis quelques années, la barrique réapparaît dans la région de Bergerac. À la faveur des grands millésimes 1982, 1983 et 1985, quelques producteurs réintroduisent peu à peu le bois pour la conservation et le vieillissement de leurs vins rouges. Par cette technique ancestrale, le viticulteur cherche à exprimer le maximum de qualité, en misant sur l'apport des saveurs vanillées du chêne

« Nature morte » par Cornelis de Heem - Musée Fabre de Montpellier

et surtout sur la pénétration lente et régulière de l'oxygène qui va développer la couleur et le bouquet du vin. Pécharmant, où les vins sont plus corsés et méritent une garde prolongée, a été un précurseur de cette technique. En Bergerac rouge et Côtes de Bergerac rouge, la même tendance s'est très vite observée : le vieillissement d'une partie de la récolte en bois neuf a été réalisée dès le début des années 80 dans certaines propriétés. Dans ce cas, les durées de conservation en merrain varient entre 6 et 12 mois. Pour des barriques de 2 à 3 ans, la conservation peut être prolongée jusqu'à 8 à 18 mois.

La peinture et les vins de Bergerac par Jean-Pierre GOT

C'est au XVIIe siècle que les Hollandais deviennent de grands amateurs de vins de Bergerac et également les premiers négociants en vins pour l'Europe du Nord.
En véritable chronique, la peinture hollandaise nous rapporte cet âge d'or. Touchante par la sensibilité de ses toiles, l'École hollandaise de peinture nous est précieuse parce qu'elle témoigne des échanges commerciaux avec le Périgord. Plaisons-nous à imaginer que Rembrandt ou Vermeer ont puisé une part de leur imagination dans nos vins, et reconnaissons que leurs œuvres gardent le souvenir de ce nectar doré qui est le Monbazillac : lorsqu'il parcourt les salles de l'École hollandaise du Rijksmuseum, de la National Gallery ou du musée du Louvre, le visiteur venant de nos vignobles est surpris du nombre important de « natures mortes », « vanités », tableaux historiques et scènes de la vie quotidienne dans lesquels un verre de vin blanc est représenté. Dans les « natures mortes au verre de vin » de Willem Kalf ou de Pieter Claesz, la Flandre du Nord

« La jeune fille au verre de vin » par Jan Vermeer - Musée H.A. Ulrich de Brunswick

enrichie affiche une opulence nouvellement acquise. Boisson à la mode que Gérard Terborch ne manque pas de faire figurer dans ses scènes bourgeoises et Frans Hals dans ses portraits de notables, le vin connaît un vif succès dans toutes les couches de la société néerlandaises : tandis que Jean Vermeer et Pieter de Hooch nous ouvrent des intérieurs paisibles et élégants, rendant avec finesse la robe soyeuse et dorée de vins qu'on devine délicats, c'est à la joie de réunions familiales ou populaires d'une communauté heureuse que Jean Steen associe l'enivrante boisson. En véritable chronique, la peinture hollandaise nous rapporte cet âge d'or que, grâce au commerce, les Provinces Unies de la jeune République du Nord vont connaître pendant près de cent ans.

La papeterie des moulins de Couze

L'étiquette des bouteilles de vin de Monbazillac apparaît avec les Marques. Depuis le XVème siècle, le savoir-faire des Maîtres Papetiers et « la qualité de l'eau » de la Couze ont bâti la renommée de la papeterie de Couze. Le papier fait main dans les moulins de la Couze portait les armes d'Amsterdam en filigrane.

Ainsi, le Terrier de 1530 indique 9 moulins à Couze dont 3 moulins à papier. En 1709 on dénombre 9 moulins à papier et 15 en 1812. Cinq appartiennent à la famille Jardel, les autres aux familles Dumas, Grelou, Marot et Ballarde. Les papeteries de La Couze et de Bergerac fournissaient essentiellement Bordeaux et la Hollande.

La machine à papier vint mettre un terme à cette expansion à partir de 1818. Toutefois, Jardel-Larroque sut s'adapter en devenant négociant à Bordeaux, puis en construisant une grande papeterie à deux kilomètres de Couze, à Rottersac.

Aujourd'hui, le papier de La Couze est toujours aussi renommé de par la qualité des eaux de ce ruisseau. Il fait le bonheur des peintres (notamment hollandais), aquarellistes et amateurs de « beau papier ».

Trois moulins sont encore en fonctionnement et le Moulin de la Rouzique retrouve son passé grâce à l'Association de Sauvegarde des Anciennes Papeteries et du Patrimoine Archéologique de Couze (SAPPAC) : musée de papiers filigranés du XIVème au XVIIIème siècle, démonstration et fabrication de papier à la main, visites du moulin et notamment de ses piles à maillets et de ses piles hollandaises (XIXème siècle).

ARTISANAT

Cave de Monbazillac

Les produits du marché

Le cèpe du Périgord (Boletus edulis)
Sa période de récolte est d'août à octobre selon les pluies. On le trouve sous les feuilles, principalement des chênes et châtaigniers, sur terrains acides. Les bons coins sont gardés secrets ; seul un malotru aurait l'outrecuidance de s'en enquérir. La cueillette des cèpes est un profit providentiel pour les uns, une occasion de se ressourcer par la nature pour les autres. C'est la confidence qui déclenche le phénomène devant l'imminence du miracle et la rumeur s'emballe... « Les cèpes sont là ! Il s'en trouve déjà... »
Les marchés aux cèpes de Monpazier et de Villefranche-du-Périgord sont à découvrir. C'est étonnant ! et d'une odeur presque enivrante...
On peut préparer le cèpe en brochette sur le grill, poêlé à la persillade, à l'étuvée, en conserve ou encore séché, mais on peut aussi le conserver au congélateur.

Recette : Le cèpe à la persillade
Essuyer les cèpes sans les laver. Les couper les en morceaux. Les jeter dans de l'huile très chaude et laisser cuire. Dès que les cèpes sont bien dorés, rajouter une persillade (ail et persil haché). Servir chaud en accompagnement de magret ou de confit. Servir un Côte de Bergerac rouge ou un Pécharmant de garde.

Le gibier
Le Périgord est une grande région de chasse. On trouve tous les gibiers classiques avec un retour en force du chevreuil et du sanglier et bien sûr les fameuses palombes et bécasses dont le « passage » à l'automne est très attendu par les chasseurs.

Recette : La bécasse au foie gras
Prévoir une bécasse par personne. Ne pas la vider après l'avoir plumée et flambée. Saler, poivrer et rouler autour une fine barde de lard. Faire dorer au four ou dans une cocotte en fonte. À mi-cuisson, vider la bécasse à l'aide d'une petite cuillère : éliminer le gésier et conserver l'intérieur. Saler et poivrer l'intérieur de la bécasse. Remettre la bécasse au four, ou dans la cocotte, et flamber délicatement à l'armagnac. Reprendre l'intérieur des bécasses, le mélanger à du foie gras de canard (50 gr) et tartiner du pain grillé avec ce nectar.

Saler et poivrer. Placer la bécasse sur la tartine et terminer la cuisson « rosée ». Servir le plus grand Pécharmant millésimé de votre cave. Sublime !

Le Palombayre :

En octobre de chaque année, le « palombayre » ne vit que pour sa passion, de 7 heures du matin à 7 heures du soir, tapi dans sa palombière. Pour tenir ce siège, il stocke provisions du marché et vins de Bergerac. Il scrute le ciel pour faire poser les vols dans son bois grâce à des appeaux vivants qui sont en fait des palombes apprivoisées perchées et attachées sur des palettes mobiles hissées au sommet des arbres.

Le cochon

« À la St-Martin, tue ton cochon, goûte ton vin, invite ton voisin ».

« Tuer le cochon » fait partie des grandes traditions de nos campagnes car « dans le cochon tout est bon ». C'est une fête en soi à laquelle participent les voisins. Au repas on sert le « jimboura » : soupe faite dans l'eau où cuisent des boudins. Il existe toujours dans notre région la fête du « peyrol » où le repas est bien évidemment « tout cochon ». Et puis le cochon reste un bon compagnon car il est souvent dressé pour chercher les truffes.

Office du Tourisme de Bergerac

Le Peyrol

Le peyrol est une grande marmite dans laquelle on fait cuire le cochon. C'est un tripode en cuivre ou fonte de fer. En Dordogne le peyrol était coulé dans un moule en terre. La longe de fer provenait de la réduction du minerai par combustion du charbon de bois dans un bas-fourneau.

Le Chabrol ou Chabrot

Sur le Jimboura, sur le tourain, ou n'importe quelle bonne soupe, le « chabrol » consiste à verser du vin rouge dans le peu de bouillon gardé au fond de l'assiette creuse.

On le boit d'un trait en levant l'assiette et en s'essuyant les moustaches (quand on en a !).

Recette : Le tourrain

Émincer un oignon et le faire revenir dans la graisse d'oie. Rajouter 6 gousses d'ail et faire blondir. Rajouter 1 cuillérée de farine. Laisser cuire un moment. Verser 2 litres d'eau. Rajouter un carré de bouillon de volaille. Laisser cuire 1 heure à feux doux. Pendant ce temps préparer les

Office du Tourisme de Bergerac

œufs en séparant les blancs des jaunes. Passer au mixer et rajouter au bouillon les blancs d'œufs en remuant à la fourchette. Hors du feu, rajouter la « liaison » préparée avec les jaunes et le vinaigre (surtout sans cuisson). « Tremper la soupe » sur du pain rassis directement dans des assiettes creuses. Saler et poivrer à sa convenance.

« Bon pied, bon œil »

L'ail fait partie intégrante de la cuisine périgourdine. « L'allium satirum » symbolise le combat du Sud contre le Nord. Les Gascons, les mousquetaires et Henri IV furent de grands amateurs de la gousse. L'ail a traversé les siècles grâce à son pouvoir aromatique mais aussi à ses vertus médicales : vermifuge, antiseptique, bactéricide, fongicide, actif pour combattre le cholestérol et l'hypertension. Quoi de mieux pour la Sécu ? En somme, avec le vin rouge et la graisse d'oie, l'ail est le troisième élément du *French Paradox*.

La fraise du Périgord

La fraise du Périgord s'est développée sur des terroirs défrichés dans la forêt pour bénéficier de son humus millénaire. Avec des variétés comme les Gariguettes, nous retrouvons les plaisirs authentiques du fruit, mélange subtil de sucré et d'acidulé. La fraise se marie parfaitement avec les vins de Bergerac ou Monbazillac.

Recette : La fraise au vin

La fraise peut être dégustée nature, mais vous pouvez rehausser son goût avec un filet de vin de Bergerac, du poivre moulu ou encore de la menthe fraîche pour développer son arôme. Si vous l'aimez plus sucrée, ajoutez de la cassonade ou arrosez avec un peu de vin de Monbazillac. Si vous l'aimez un peu plus acidulée, ajoutez un jus de citron ou d'orange. Placer au réfrigérateur 1 à 2 heures avant de servir. Servir avec selon l'assortiment un Bergerac rouge ou un Monbazillac.

La châtaigne

Le terroir du Périgord convient parfaitement au noyer et au châtaignier. Le noyer est cultivé, alors que le châtaignier pousse dans les bois. Les châ-

taignes sont appréciées au moment des vendanges pour accompagner les veillées au coin du feu et notamment pour la « gerbebaude ».
La tradition du « bourru-châtaignes » revient à la mode dans la région de Bergerac pour les apéritifs ou soirées entre amis. La fête de la châtaigne, du châtaignier et du cèpe se déroule chaque mi-octobre à Villefranche-du-Périgord et la Confrérie du même nom existe depuis 1992.

Recette : Bourru-Châtaignes
C'est avec les châtaignes que l'on goûte le « vin bourru ». C'est le vin blanc nouveau de Monbazillac qui fermente encore. Il faut choisir la bonne cuve ! Toutefois, c'est une boisson laxative qu'il faut boire bien modérément, selon l'expression consacrée !
Les châtaignes peuvent être grillées ou bouillies. Les châtaignes grillées doivent être préalablement entaillées sur un coin pour les empêcher d'éclater dans le feu sur lequel on les secoue dans un panier grillagé métallique ou une poêle percée. Les châtaignes bouillies sont préparées dans un faitout dans lequel on coupe un navet en tranches en couvrant le fond de feuilles de figuier. On remplit d'eau avec quelques grains d'anis et de sel. Laisser réduire à feu doux 45 minutes.

La noix du Périgord, AOC

En 2001, la noix du Périgord devient AOC selon les paramètres suivants : 4 variétés : la corne, la grandjean, la marbot, la franquette. Recensement : 1,5 tonne à l'hectare. Zone géographique : 412 communes de Dordogne, du Lot et de la Corrèze. Surface : 5 644 hectares pour 9 800 tonnes. Une reconnaissance pour les 1 271 adhérents du Syndicat de défense de la noix du Périgord.

La truffe du Périgord (Tuber melanoporum)

La truffe est « l'or noir » du Périgord. Ce précieux tubercule, toujours aussi mystérieux, est recherché pour son parfum si subtil et si exceptionnel. La truffe vit « en parasite » avec les chênes verts, plus rarement des frênes, des charmes ou des noisetiers, enterrée à une profondeur de 5 à 20 centimètres. On récolte la truffe de novembre à mars, en grand secret avec un chien, un cochon ou « à la mouche ». Le « cavage » de la truffe achevé, on va discrètement au marché voisin vendre ses truffes au gramme près.

Recette : La truffe sous la cendre
Tout d'abord, faire une bonne braise dans la cheminée. Tartiner chaque truffe d'une couche de foie gras. Saler et poivrer. Emballer chaque truffe dans un papier d'aluminium de 2 à 3 couches. Placer la truffe sous la braise et recouvrir le tout de cendres pendant 1/4 d'heure. C'est simple ! Servir avec un Pécharmant de grande garde.

Le canard, l'oie et le foie gras

Le canard et l'oie sont gavés pour être engraissés et produire le foie gras. Comme le cochon, l'oie offre aux tentations gustatives son corps tout entier. Aujourd'hui, c'est le canard qui est le plus demandé car moins gras. Le foie gras est roi de la gastronomie périgourdine mais à l'origine c'était en fait le pâté qui avait fait la notoriété du Périgord.

Recette : Terrine de foie gras « mi-cuit »
Choisir un foie gras cru et très frais de 500 gr. Préalablement, retirer les deux grosses veines de chaque lobe par une petite incision au couteau. Assaisonner en mélangeant le sel (7 gr), le poivre blanc (1,5 gr), le sucre (1,5 gr) et de la noix de muscade râpée. Tasser le foie dans une terrine appropriée sans laisser d'air. Recouvrir la terrine d'un papier d'aluminium. Placer la terrine au bain-marie dans un plat rempli d'eau à mi-hauteur. Laisser cuire au four à 150 °C (45 minutes). Laisser refroidir à température ambiante. Mettre au réfrigérateur 24 heures avant le repas. Servir avec du Monbazillac, c'est un mariage délicieux !

Boissons au vin

En apéritif : Servir « nature » en apéritif les Bergerac secs, mœlleux (Côtes de Bergerac, Rosette) et liquoreux (Monbazillac, Saussignac), ou en « cocktail ».
Le trou périgordin : Eau-de-vie de prune (de l'alambic du grand-père de préférence).
En soirée : Vin chaud à la cannelle
Faire bouillir le contenu d'une bouteille de Bergerac ou Pécharmant dans une casserole. Faire flamber. Ensuite rajouter du sucre (200 gr), un clou de girofle, une gousse de vanille ouverte, une écorce de cannelle. Laisser réduire 15 minutes. Râper un zeste d'orange superficiellement, couvrir et laisser infuser 10 minutes.

Château de Monbazillac

5 Notes techniques et bibliographie

Isle
vers Ribérac
Mussidan
RN.89
vers Bordeaux
Montpon-Monestérol
St.-Géry
Minzac
Villefranche de - Lonchat
St.-Martin de-Gurçon
Carsac de-Gurson
St.- Rémy
St.-Géraud-de-Corps
Bosset
Fraisse
St.-Georges-de-Blancaneix
Monfaucon
St.-Méard-de-Gurçon
Bonneville et-Ste.-Avit - de -Frumadières
St.-Vivien
Montazeau
vers Bordeaux
St.-Michel-de-Montaigne
Le Fleix
Nastringues
La Force
D936
Montcaret
Fougueyrolles
St.-Pierre d'Eyraud
Vélines
Lamothe-Montravel
St.-Seurin - de-Prat
St.-Antoine-de-Breuil
Port-Ste.-Foy
Gardonne
Razac-de-Saussignac
Saussignac
Gageac - et - Rouillac
Monestier
Thénac
AOC BERGERAC
Vin rouge, blanc sec, blanc mœlleux
AOC MONTRAVEL
Vin blanc sec
AOC COTES DE MONTRAVEL
Vin blanc mœlleux
AOC HAUT MONTRAVEL
Vin blanc mœlleux
AOC PECHARMANT
Vin rouge
AOC ROSETTE
Vin blanc mœlleux
AOC MONBAZILLAC
Vin blanc liquoreux
AOC SAUSSIGNAC
Vin blanc mœlleux
Limite du département de la Dordogne
Thénac
Chef-lieu de commune comprise dans l'aire géographique du vignoble de Bergerac et de ses A.O.C.
D933
vers Marmande

LE VIGNOBLE DE BERGERAC

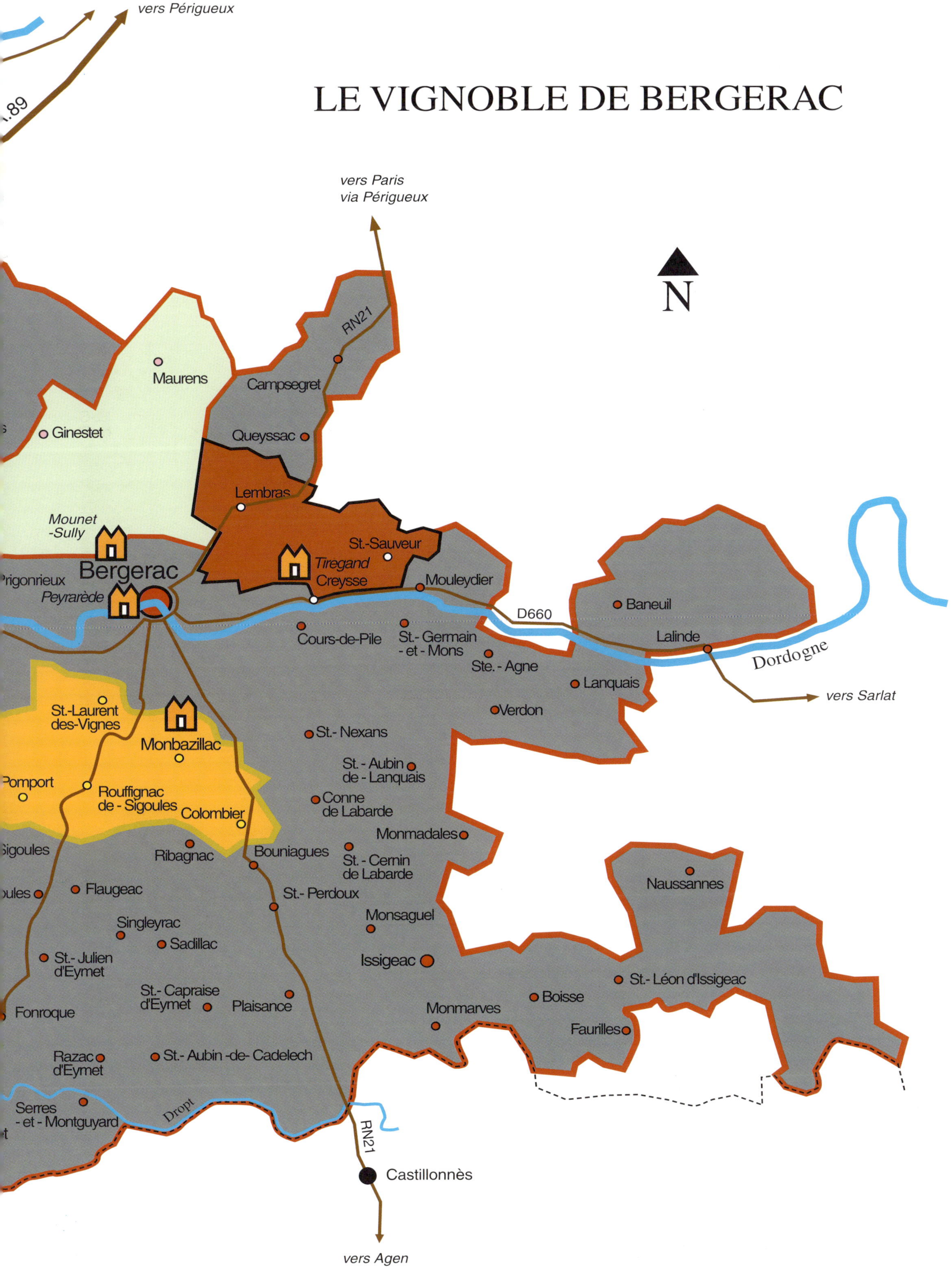

Cépages							Arômes	
Vins blancs			**Vins rouges**					
Muscadelle	**Sémillon**	**Sauvignon**	**Malbec ou Côt**	**Merlot**	**Cabernet Sauvignon**	**Cabernet Franc**		
				XXX	XX	XX	Fruits rouges	Fruits
				X	XX	XXX	Cassis	
			XX		XX	X	Cerise	
				X	XXX	X	Framboise	
			X	XX	X	XX	Mûre	
XX							Muscat	
		X					Sureau	
			XX	XXX	XXX	X	Fruits cuits	
	XX						Abricot	
	XX						Écorce d'orange	
	X	XXX					Pêche	
	X	XXX					Pamplemousse	
	X	XX					Citron	
							Poivron vert	
						X	Confiture de fraise	Confiserie
					X		Compote de fraise	
	X						Fruits confits	
	XX						Miel	
			X	X	XX	XX	Violette	Fleurs
						X	Pivoine	
X				X	X		Rose	
		X					Iris	
	XX						Acacia	
		X					Buis	
		X			X		Bourgeon de Cassis	
			X			X	Poivre	Épices et aromates
				X			Vanille	
				XX	XX	X	Réglisse	
X				X			Menthe	
			X	XX		XXX	Bois de cèdre	
			X	XX	X	XX	Tabac	
			X	XXX	X	X	Sous-bois	
		X		XXX	X	XX	Truffe	
	XX	X	X	XX	XX	XX	Café torréfié	Empyreumatiques
		XX		X	X	XXX	Fumée de bois	
			X	X	X	X	Cacao	
		X					Pierre à fusil	
		X		XXX	X	X	Musc	Odeurs animales
			X	XXX	X	X	Viandé	
				X	XXX	XX	Venaison	

Les grands millésimes du siècle des vins de Bergerac

Millésimes	Monbazillac	Bergerac sec	Bergerac rouge et Pécharmant
1915			✪
1921			✪
1945(gelée tardive)			✪
1947 (canicule)	✪		
1949	✪		
1959 (canicule)			✪
1961			✪✪
1966	✪	★★★	★★★★
1967	✪	★★★	★★★
1968		★	★
1969	★★	★★	★★
1970	★★★★	★★★	✪
1971	★★★	★★★	★★★★
1972	★	★★	★
1973	★★★	★★★★	★★★
1974	★★★	★★★	★★
1975	✪	★★★	✪
1976	★★★★	★★★	★★★★
1977	★★	★★	★★
1978	★★	★★★	★★★
1979	★★★	★★★	★★★★
1980	★	★★	★★
1981	★★★	★★★	★★★
1982	★★★★	★★★	✪
1983	★★★★	★★	★★★★
1984	★	★★★	★★★★
1985	★★★★	★★★	✪
1986	★★★	★★★	★★★
1987	★★★	★★★	★★★
1988	★★★★	★★★	★★★★
1989	✪	★★★	★★★★
1990	✪	★★★	✪
1991	★★★	★★★	★★
1992	★★	★★★	★★
1993	★★★	★★★	★★★
1994	★★★★	★★★	★★★
1995	✪	✪	★★★★
1996	★★★★	★★★★	★★★
1997	★★★	★★★	★★★
1998	★★★★	★★★★	★★★★
1999	★	★	★
2000	★★★	★★★★	✪

Le plus grand millésime du siècle est le 1961 en rouge.
Il faut aussi mentionner le millésime 1947 qui était une année caniculaire.
Le plus grand millésime de la dernière décennie est le 1990, tant en rouge qu'en liquoreux.
Le millésime 2000 s'annonce exceptionnel notamment en rouge.

✪ : *Année exceptionnelle* ★★★★ : *Excellente année*
★★★ : *Très bonne année* ★★ : *Bonne année* ★ : *Année moyenne*

L'économie des Vins de Bergerac

Mémo technique | Les chiffres clés de l'an 2000

• *Les 12 de Bergerac :*
12 appellations / 1 200 viticulteurs / 12 000 hectares.

• *Les 6 des volumes :*
600 000 hectolitres de Bergerac / 6 000 000 hectolitres de Bordeaux / 60 000 000 hectolitres en France.

• *Le marché mondial :*
6 milliards d'habitants.

• *Surface mondiale :*
8 millions d'hectares.

• *Production mondiale :*
255 millions d'hectolitres.

• *Consommation mondiale :*
220 millions d'hectolitres.
L'excédent mondial de 35 millions d'hectolitres ne concerne pas les AOC.

• *Perspectives d'évolution :*
Production mondiale : + 8 millions d'hectolitres en 2003 et + 22 millions d'hectolitres en 2007.
Consommation mondiale : progression attendue.

L'économie viti-vinicole

	Vignoble de Bergerac	*Vignoble aquitain*	*Vignoble français*
Hectares	**12 000**	**143 000** (91% AOC)	**927 000** (53% AOC)
Nombre de bouteilles	**80 millions**	**1,130 milliard**	**8 milliards**
Chiffre d'Affaires	**1 milliard FF.**	**22 milliards FF.**	**60/90 milliards FF.**
dont export	0,2 milliard FF.	8 milliards FF.	34 milliards FF.
Nombre de Vignerons	1 200	12 000	170 000

Lexique de la vigne et du vin

ALCOOL

Ce sont les Arabes qui distillèrent l'alcool. Alcool dérive de l'arabe comme alchimie. Les Arabes liquifiaient une poudre, faisaient bouillir le liquide et laissaient la vapeur se condenser pour se solidifier : ils obtenaient le Khôl avec lequel les femmes du harem se fardaient les paupières.

Quand les Arabes commencèrent à distiller le vin, ils donnèrent au produit le même nom qu'à ce fard : AL KHÔL. Ainsi les Arabes révélèrent aux Européens la science de la distillation.

AMPHORE, n.f.

- du latin AMPHORA (vase à deux anses).
- du grec AMPHI (autour de) et du radical PHOROS (qui porte).

BARRIQUE, n.f.

- du gallo-romain BARRICA et gascon BARRIQUA.

En Aquitaine la barrique est un fût de chêne ou de châtaignier contenant 225 litres.

CHARTRONS

Au XVIIIème siècle les négociants en vins de Bordeaux se sont installés sur la rive gauche de la Garonne, en aval de la ville, sur l'ancien emplacement du couvent des « chartreux » devenu le quartier des « chartrons ».

EAU-DE-VIE

Au Moyen Âge, l'alcool de vin portait un nom latin : AQUA VITAE. Ce mot survit de nos jours en suédois et norvégien : AQUAVIT et en danois : AKVAVIT. Au Xème siècle le philosophe Avicenne donna une description complète de l'alambic. Mais ce n'est qu'en 1800 qu'Adam inventa la rectification de l'alcool par redistillation supprimant ainsi le mauvais goût.

L'AQUA VITAE apparut en Irlande sous un nom gaélique : UISGE BEATHA, obtenu par distillation de la bière d'orge ; ce qui finit par donner le Whisky.

FEUILLARD, n.m.

Branche souple de châtaignier servant à cercler les tonneaux. Le châtaignier servait à la fabrication des cercles (cadres), l'osier pour le liage de ces mêmes cercles et le pin pour la barre qui relie et renforce les fonds sur le bout-moule ou maître-fond.

L'IVRAIE

Tout le monde connaît la parole de l'ivraie. Mathieu (XII, 24-30) y raconte la séparation du bon grain de l'ivraie, allusion à la séparation de la bonne parole de la mauvaise, des bons et des méchants en général. Mais qu'est-ce que l'ivraie et pourquoi ce nom ? L'ivraie est une plante qui poussait souvent dans les champs de blé et qui, moissonnée en même temps que lui, se trouvait mêlée à la farine fournissant ainsi du pain qui rendait ivre. Bien entendu, on voit le rapprochement entre ivre et ivraie. Mais ces mots ne sont entrés dans notre langue qu'au XIIIème siècle, formés sur le latin ÉBRIAS et le féminin ÉBRIACA qui n'avaient qu'un seul sens, ivre.

MERRAIN, n.m.

- du latin DE MATERIANER, « bois de construction ».

Le merrain est le madrier de bois de chêne ou châtaignier obtenu par fendage sur quar-

tier de billes en suivant le fil du bois. Ce madrier est ensuite partagé en douves ou douelles qui sont cintrées par chauffage au feu et assemblées par les cerceaux pour faire une barrique, fût, tonneau ou foudre.

RAISIN, n.m.
- du latin classique UVA (raisin), AMPHORE UVALE et adjectif UVIFERE (qui porte des raisins).
- du latin RALEMUS (grappe).
- du grec RHAX, RHAGOS (grain de raisin).

TONNEAU, n.m.
- du latin TUNNA ou TONNA.
- Mot gaulois dérivé de l'irlandais tonn «peau», d'où « outre », « vase », puis « tonneau ».

Selon Jules César le tonneau serait apparu en 51 avant JC au cours du siège par les Romains de la ville d'Uxellodunum car, pour se défendre, les assiégés remplissaient de suif et de poix les tonneaux qu'ils projetaient en flamme sur les machines de guerre romaines.

Le fût représentait pour les Gaulois bien plus qu'une invention géniale pour le transport ou la conservation du vin. En effet, la barrique enfermait le cœur de la religion gauloise, le culte de la forêt où le chêne était selon le naturaliste Pline « l'arbre divin » par excellence dont le feuillage est exigé par les druides dans les sacrifices. Pour les chrétiens le Saint protecteur des tonneliers, et donc des tonneaux, est St Jean-Baptiste.

Au XIIème siècle le récipient gaulois a servi au vocabulaire maritime pour indiquer la jauge d'un navire devenu mesure internationale, soit 2,83 m^3. Le tonneau n'a guère évolué depuis sa création : il se compose de douves ou douelles cintrées et de planchettes pour les fonds. Des cercles de bois de châtaignier, puis de métal maintiennent l'ensemble. Selon sa contenance et les régions, le fût prend le nom de «feuillette», « bussard », « barrique », « pièce », « muid » et « foudre ».

VIGNE, n.f.
- du latin classique VITIS (vigne), VINAE (vignoble) et VITICULA (cep).

VIN, n.m.
- du latin classique VINUM, désigne à la fois le raisin, la grappe, la boisson et par analogie la boisson fermentée.
- du grec OINOS (œnologie).
- de l'arménien GINÊ.
- de l'albanais VÊNË.
- de l'hébreu YAYIN.
- de l'éthiopien WAYN.

Les adresses utiles

Association «LES FÊTES DU VIN EN BERGERAC»
Président-Fondateur : Michel DELPON
c/o CIVRB - 1, rue des Récollets
24100 Bergerac
Tél : 05 53 63 57 57 - Fax : 05 53 63 01 30

Chambre d'Agriculture de la Dordogne
4-6, place Francheville - 24016 Périgueux
Tél : 05 53 35 88 88 - Fax : 05 53 53 43 13

CIVRB
1, rue des Récollets - 24100 Bergerac
Tél : 05 53 63 57 57 - Fax : 05 53 63 01 30
e-mail : vin.civrb@wanadoo.fr

CNAOC
21, rue François 1er - 75008 Paris
Tél : 01 42 61 21 25 - Fax : 01 42 61 16 63

Compagnie des Courtiers Jurés Experts
40, avenue des Terroirs de France
75611 Paris Cédex 12
Tél : 01 43 43 56 77 - Fax : 01 44 74 53 24

Conseil Régional d'Aquitaine
Hôtel de la Région - 14, rue François de Sourdis - 33000 Bordeaux
Tél. : 05 57 57 80 00 - Fax : 05 56 51 86 95

Conseil Régional de la Dordogne
2, rue Paul Courier - 24000 Périgueux
Tél : 05 53 02 20 20 - Fax : 05 53 08 88 27

Consulat de La Vinée
1, rue des Récollets - 24100 Bergerac
Tél : 05 53 63 57 57 - Fax : 05 53 63 01 30

CRDA (Conseillers Viticoles)
Domaine de la Brie - 24240 Monbazillac
Tél : 05 53 63 56 60 – Fax : 05 53 63 56 55
e-mail : crda.bgc.cda.24@wanadoo.fr

CRDA (Conseillers Viticoles)
Domaine de la Brie - 24240 Monbazillac
Tél : 05 53 63 56 60 – Fax : 05 53 63 56 55
e-mail : crda.bgc.cda.24@wanadoo.fr

DGCCRF
(Direction Générale de la Concurrence, de la Consommation et de la Répression des Fraudes) de la Dordogne
Cité Administrative - 24016 Périgueux
Tél : 05 53 02 65 50 - Fax : 05 53 09 52 27

Direction Départementale de l'Agriculture et de la Forêt (DDAF)
Rue du 26ème R.I.
24016 Périgueux cédex
Tél : 05 53 45 56 00 - Fax : 05 53 45 56 50

Direction Régionale des Douanes
1, Quai de la Douane
33000 Bordeaux
Tél : 05 57 81 03 80 - Fax : 05 57 81 03 72

DRCCRF (Direction Régionale de la Concurrence, de la Consommation et de la Répression des Fraudes)
25, Bd du Parc des Expositions, BP 600 - 33028 Bordeaux cédex
Tél : 05 56 69 27 27

École Hôtelière du Périgord
c/o Lycée Technologique et Professionnel
Avenue Henri Deluc - 24750 Boulazac
Tél : 05 53 35 72 72

École des Œnophiles
Maison des Vins de Bergerac/CIVRB
Tél : 05 53 63 57 57 - Fax : 05 53 63 01 30

École Supérieure de Savignac (École Internationale Supérieure de Dirigeants d'Entreprises de l'Hôtellerie et de la Restauration)
24420 Savignac-les-Eglises
Tél : 05 53 05 08 11 - Fax : 05 53 05 39 65

Fédération des Caves Particulières de la Gironde
38, rue Ferrère
33000 Bordeaux
Tél : 05 56 52 12 97 - Fax : 05 56 51 71 82.

Fédération des Coopératives Vinicoles d'Aquitaine
14, Quai des Chartrons
33000 Bordeaux
Tél : 05 56 00 81 00 - Fax : 05 56 00 81 09
e-mail : info@fcva.com

FVB
Syndicat de Bergerac, Syndicat de Monbazillac, Syndicat de Saussignac, Syndicat de Montravel, Syndicat de Rosette et de Pécharmant
10, Place du Docteur Cayla - 24112 - Bergerac
Tél : 05 53 24 71 77 - Fax : 05 53 24 98 48

Golf des Vigiers
Château des Vigiers - 24240 Monestier
Tél. : 05 53 61 50 30 - Fax 05 53 61 50 31

Golf de la Maurigne
Clos La Maurigne
24240 Razac-de-Saussignac
Tél./Fax : 05 53 27 83 82

Golf des Merles
Château des Merles - Tuilières
24520 Mouleydier
Tél. : 05 53 63 13 42 - Fax 05 53 63 13 45

Golf de Sadillac
Château de Sadillac- 24500 Sadillac
Tél. : 05 53 73 95 69 - Fax 05 53 73 95 67

INAO Aquitaine
Cité Mondiale du Vin - 23, Parvis des Chartrons - 33074 Bordeaux
Tél : 05 56 01 72 34 - Fax : 05 56 48 51 99

INAO Bergerac
2, Place du Docteur Cayla - 24100 Bergerac
Tél : 05 53 57 37 64 - Fax : 05 53 24 30 04.

JCE
rue Paul Pastor - BP 513
24109 Bergerac

Lycée Agricole Privé du Cluzeau et l'IFAAC (Enseignement privé)
Le Cluzeau
24240 Sigoulès
Tél : 05 53 73 43 60 - Fax : 05 53 58 94 73

Lycée Professionnel Régional Jean Capelle - Section Hôtelière
Av. du Maréchal Leclerc
24000 Bergerac
Tél : 05 53 57 37 87 - Fax : 05 53 22 28 89/ 22 22 70

Lycée Professionnel de Sarlat - Section Hôtelière
Place Pasteur
24200 Sarlat
Tél : 05 53 28 53 84

Lycée Viticole de Bergerac (Enseignement public)
L.P.A. de la Brie - 24240 Monbazillac
Tél : 05 53 74 42 42 - Fax : 05 53 58 24 08

PRODUCTA
21, Cours Xavier Arnozan
33082 Bordeaux cédex
Tél : 05 57 81 18 18 - Fax : 05 56 81 22 12
e-mail : info@producta.com - internet : http://www.producta.com

Maison des Vins de Bergerac
2, place du Docteur Cayla
24104 Bergerac
Tél : 05 53 63 57 57 - Fax : 05 53 63 01 30
e-mail : vin.civrb@wanadoo.fr

Musée de la Batellerie, de la Tonnellerie et de la Pêcherie
Place de la Myrpe
5 rue des Conférences
24100 Bergerac
Tél : 05 53 57 80 92 - Fax : 05 53 61 90 02

Moulin de la Rouzique
Moulin de Larroque
24150 Couze Saint-Front
Tél/Fax : 05 53 24 36 16
Ouvert en saison, du 1er avril au 15 octobre

Musée du Tabac et de la Ville de Bergerac
(Maison Peyrarède)
10, rue de l'Ancien Pont
24100 Bergerac
Tél : 05 53 63 04 13 - Fax : 05 53 61 90 02

Musée du Vin du Château de Monbazillac
24240 Monbazillac
Tél : 05 53 61 52 52 - Fax : 05 53 63 65 09

Pour le Périgord Pourpre :

Musée Archéologique de Bergerac
10, rue de l'Ancien Pont
(Musée du Tabac)
Tél : 05 53 63 04 13 - Fax : 05 53 61 90 02

Musée Archéologique de Creysse
Tél : 05 53 23 20 45

Musée Archéologique de Couze
Tél : 05 53 24 36 16

Musée Archéologique d'Eymet
Tél : 05 53 23 74 95 (Office de tourisme)
Fax : 05 53 27 98 76

Pour le Périgord Blanc :

Musée du Périgord à Périgueux
Allées de Tourny
Tél : 05 53 06 40 70

Pour le Périgord Noir :

Musée National de la Préhistoire aux Eyzies
Tél : 05 53 06 45 45

Office de Tourisme de Bergerac et du Périgord Pourpre
97, rue Neuve d'Argenson
24100 Bergerac
Tél : 05 53 57 03 11 - Fax : 05 53 61 11 04

Office National Interprofessionnel des Vins (ONIVINS)
Esplanade des Chartrons
Rue Corps Franc Pommies
33000 Bordeaux
Tél : 05 56 98 15 11 - Fax : 05 56 00 23 60

Office National Interprofessionnel des Vins (ONIVINS)
232, rue de Rivoli
75001 Paris
Tél : 01 40 15 06 96 - Fax : 01 40 20 90 05

ŒNOLOGUES PRIVES DE BERGERAC
Il faut noter que la plupart des œnologues aujourd'hui installés ont préalablement commencé leur carrière au CIVRB, à savoir : Jean Chagneau, Marc Blanc, Pierre-Jean Sadoux, Pierre Chaumet, Daniel Hecquet, Jean-Marc Dournel.

Laboratoires

Marc Blanc
Bd de l'Entrepôt - 24100 Bergerac
Tél : 05 53 57 69 55 - Fax : 05 53 24 05 12

Jean Chagneau
Le Faget Bas - 24100 Saint-Laurent-des-Vignes
Tél : 05 53 57 10 78 - Fax : 05 53 24 19 62

Pierre-Jean Sadoux
Court-Les-Mûts - 24240 Razac-de-Saussignac
Tél : 05 53 27 92 17 - Fax : 05 53 23 77 21

Liliane Gagnard
Le Touron Bas
24240 Monbazillac
Tél : 05 53 61 21 17

Daniel Hecquet
Calabre
33220 Port Sainte Foy
Tél : 05 53 24 77 27 - Fax : 05 53 23 77 21

Pierre Chaumet
33220 Sainte-Foy-La-Grande
Tél : 05 57 46 20 20 - Fax : 05 57 46 11 73

Tabouy-EURALIS
Grand Pont
33220 Port-Sainte-Foy
Tél : 08 20 02 04 45 - Fax : 05 53 24 88 80

Conseil Jean-Marc Dournel
EURL VEVSJMD
Domaine des Costes
33, Bd du Dr Simounet - 24100 Bergerac
Tél : 05 53 27 32 42 - Fax : 05 53 61 69 08

Moulins de Larroque et Pombie
Le Bourg - 24150 Couze
Tél : 05 53 61 01 75 - Fax : 05 53 24 03 59

SACI (Service d'Assiette des Contributions Indirectes à la Direction des Impôts)
106, résidence Roxane - 24100 Bergerac
Tél : 05 53 63 68 02

Syndicat des Négociants en Vins de la Région de Bergerac
1, rue des Récollets - 24100 Bergerac
Tél : 05 53 63 57 57 - Fax : 05 53 63 01 30

Syndicat Régional des Courtiers en Vins et Spiritueux
1, cours du XXX Juillet
33000 Bordeaux
Tél/Fax : 05 56 00 22 92

SOVICOP
21, cours Xavier Arnozan
33082 Bordeaux cédex
Tél : 05 56 81 66 55 - Fax : 05 56 51 34 26

Union Française des Œnologues
2, avenue Gallieni - 91710 Vert-Le-Petit
Tél : 01 64 93 23 38 - Fax : 01 64 93 28 32

BIBLIOGRAPHIE

JOUANEL André :
Bergerac et la Hollande, Imprimerie IGSo - 1951.
BEAUROY Jacques :
Vin et société à Bergerac, du Moyen Âge aux temps modernes, Éditions ANNA LIBRI - 1976.
GINESTET Bernard – DEROUDILLE Jean-Pierre :
Bergerac – Monbazillac, Éditions Jacques LEGRAND - 1987.
GOT Armand :
Monbazillac Hosanna de Topaze, Éditions SADAG - 1949.
LACI IAUD Jacques-Louis :
Bergerac, de la préhistoire à nos jours, IGSO - 1987.
BARTHE Jean :
La victoire de Castillon, Éditions SUD-OUEST - 1997.
BENOIST Pierre :
Le ministère Pierre Magne (1806–1879) - Pierre FANLAC - 1986.
COCULA-VAILLIERES Anne-Marie :
Un fleuve et des hommes, Éditions TALLANDIER - 1981.
COCULA Anne-Marie :
Périgord, Éditions SUD-OUEST - 1999.
AUBARBIER Jean-Luc – BINET Michel – GUICHARD Geneviève :
Aimer la préhistoire en Périgord, Éditions OUEST FRANCE - 1989.
VIVIER Gilles :
La cuisine au Monbazillac - 2000.
COLLOMBET François – PAIREAULT Jean-Paul :
Grands et petits vins de France, Éditions HATIER - 1992.
JOHNSON Hugh :
L'Atlas mondial du vin - Éditions Robert LAFFONT - 1977.
JOBE Joseph :
Le grand livre du vin, EDITA LAUSANNE - 1969.
PEYNAUD Émile :
Le goût du vin, Éditions DUNOD - 1980.
LECLAIR Jean-Louis :
Bergerac en Aquitaine, Imprimerie REYSSET.
Mairie de Bergerac :
Le vignoble de Bergerac - Une histoire, un terroir, Imprimerie IGSO - 1994.
WATNEY Bernard M. – BABBIDGE Homer D. :
600 tire-bouchons de collection, EDITA LAUSANNE - 1981.
LAFOND Serge :
La chambre de Commerce et d'Industrie de Bergerac de 1899 à 1999, Éditions CHAMBRE DE COMMERCE DE BERGERAC 1999.
LEMAY Marc-Henri :
Bergerac et ses vins - Éditions FERET.
DELVALLE Christophe : Bande dessinée Delvalle - In Vino Veritas, Éditions 21 Productions - 1996.
MALAURIE Jean-Paul :
Ma cuisine des quatre saisons en Périgord, Éditions FANLAC, 1998.

Les Grand Hommes du Bergeracois

Une terre où souffle l'esprit...

SAINT FRONT, 1er siècle
Né à Lanquais, Évêque de Périgueux, St Front évangélisa le Périgord. D'après la légende, la première église St-Jacques de Bergerac aurait été bâtie sous l'épiscopat de St Front et Charlemagne lui aurait fait don d'un fragment de la croix sur laquelle avait été crucifié le Christ.

LES RUDEL, SEIGNEURS DE MONTCUQ ET DE BERGERAC, de 1167 à 1334
La seigneurie de Bergerac a été administrée par les Rudel. Ils descendaient de Helie V, comte du Périgord et s'appellèrent Helie Rudel durant 6 générations. Ils construisirent sur le tertre de Montcuq, au sud-ouest de Bergerac, une puissante forteresse (juridiction de 50 paroisses).

ÉTIENNE DE LA BOÉTIE, 1530-1563, philosophe
Il fut l'ami de Montaigne et aussi son maître d'énergie et de stoïcisme, peut-être lui devait-il le meilleur de lui-même. C'est pourquoi Michel de Montaigne écrivit dans ses *Essais sur l'Amitié* cette phrase émouvante : « Si on me presse de dire pourquoi je l'aimais, je sens que cela ne se peut exprimer qu'en répondant : parce que c'était lui, parce que c'était moi... ».

Étienne de La Boétie naquit à Sarlat en 1530. Dès l'âge de 18 ans, il écrivait son chef d'œuvre *Le discours sur la servitude volontaire*, plus connu sous le titre *Contr'un*, où il démontre que la servilité des peuples fait la force des tyrans. Malgré sa mort prématurée à 33 ans, il fut écrivain, auteur de sonnets et conseiller au Parlement de Bordeaux où il put exprimer ses sentiments républicains en compagnie de Michel de Montaigne.

MICHEL EYQUEM DE MONTAIGNE, 1533-1592, philosophe
Conseiller au Parlement de Bordeaux. Maire de Bordeaux, ami de La Boétie et conseiller d'Henri IV. Durant les périodes où il n'était pas en voyage ou accaparé par ses charges, il résidait au château de St Michel de Montaigne. Il a écrit *Les Essais* dans la tour dite de la Librairie. Le château se trouve à 40 kilomètres environ de Bergerac.

ARMAND DE CLERMONT DE PILES, 1535-1598, chef protestant
Famille des Caumont de La Force. Adepte de la religion réformée, il est officier de Coligny. Il s'empare de Bergerac et fait sauter la tour Malbec en 1563 ; il mourra à Paris lors de la Saint-Barthélemy. Il résidait au château de Piles, belle construction classique.

DUC DE LA FORCE, JACQUES NOMPART de CAUMONT, 1559-1652, maréchal de France
Il échappe par miracle à la St-Barthélemy ; il fait ses premières armes aux côtés d'Henri de Navarre (futur Henri IV) , l'aide à conquérir son royaume et deviendra maréchal de France. Il a résidé au château de La Force qui était le plus majestueux de la région. Et dont il ne reste aujourd'hui que le pavillon d'entrée en ruines.

SAVINIEN DE CYRANO DE BERGERAC, 1619-1655
En 1385, Ramond de la Rivière de la Martigue se vit doté du fief de Mauvières en récompense de son action contre les Anglais pour la reprise de Bergerac par le duc d'Anjou, frère de Charles V. C'est ainsi qu'il baptisa du nom de Bergerac sa propriété de la vallée de Chevreuse, près de Paris.
Son descendant, Savinien de Cyrano naquit en 1619 ; fils de d'Abel de Cyrano, seigneur de Mauvières et de Bergerac.
En 1638, Cyrano entre dans la compagnie des Gardes, commandée par le capitaine Carbon de Casteljaloux et composée de Gascons, d'où la légende de l'origine gasconne du héros. Il y acquiert une grande réputation de bravoure du fait de ses multiples combats, comme le jour où, seul, il disperse une centaine d'hommes à la porte de Nesles. Il tue deux adversaires, en blesse sept et met en fuite les autres. Blessé au siège d'Arras en 1641, il abandonne la carrière militaire. Il se consacre alors à la littérature. Il écrit plusieurs ouvrages : *La mort d'Agrippine*, 1653 (tragédie) et *Le Pédant joué* (comédie). Il meurt en 1655, frappé à la tête par une poutre tombée d'un toit au moment où il rentre à son domicile. Les deux romans publiés après sa mort, *Histoire comique des États et des Empires de la lune* (1657) et *Histoire comique des États et des Empires du soleil* (1662), qui furent ses œuvres les plus populaires, montrent l'audace de ses vues sur la nature et la politique, au travers desquelles il a exprimé sa philosophie matérialiste dans des récits de voyages imaginaires. Il inspira Edmond Rostand pour sa comédie héroïque *Cyrano de Bergerac* (1897).

PIERRE DE BELLEYME, 1747-1819, cartographe
Bassac est le lieu de naissance de Belleyme. Ingénieur des États de Guyenne à 19 ans, il établit la première carte détaillée en 1783. Il deviendra chef de la Division topographique aux Archives de France. Pas de trace dans la commune de Beauregard et Bassac, près de Vergt.

MAINE DE BIRAN, 1766-1824, philosophe spiritualiste
Marie-François-Pierre Gontier de Biran, dit Maine de Biran, est né à Bergerac, 39 rue Sainte-Catherine, le 29 novembre 1766 ; il a été baptisé le lendemain en l'église Saint-Jacques. Garde du corps en 1784, il est administrateur de la Dordogne en 1795. En cette même année, il épouse une créole, Louise Fournier du Fradelt, qui se croyait veuve d'un émigré, M. du Cluzeau, lequel revint en France en 1799 ; elle mourut en 1803. Sous-Préfet de Bergerac du 15 février 1806 au 24 juillet 1811, il siège ensuite au Corps législatif, auquel il avait été élu député en 1809. Il se remarie en 1814 avec Louise Anne Favareille de Lacoustète et termine sa carrière comme Conseiller d'État. Mort à Paris le 20 juillet 1824, il est inhumé dans le cimetière qui entoure l'église de Saint-Sauveur (Dordogne). Au cours de ses fonctions administratives à Bergerac, il a organisé l'école secondaire de la ville, devenue le collège Henri IV ; il a échangé à ce sujet une abondante correspondance avec André-Marie Ampère, Inspecteur général de l'Université, et avec l'éducateur suisse Jean-Henri Pestalozzi. Il a fondé également à Bergerac une Société médicale pour faire circuler la vie intellectuelle et morale. Durant toute sa vie, il a fait de fréquents séjours dans son manoir de Grateloup, qui lui venait de sa mère, Camille Deville de Vermont. À Grateloup, on visite encore la bibliothèque du grand philosophe ; on y trouve des objets lui ayant appartenu, ses décorations (chevalier de la légion d'honneur en 1810, officier en 1814 et commandeur en 1818) et une partie du « journal intime » publié in extenso de 1954 à 1957 par le professeur Henri Gouthier, de la Sorbonne.
Un monument a été inauguré en face de l'église de Saint-Sauveur, le 1er septembre 1963, par l'académicien André Maurois. Le lycée de Bergerac porte enfin, depuis 1964, le nom du célèbre philosophe.

PIERRE MAGNE, 1806-1879, ministre
Propriétaire du château de Montaigne où il vécut de 1860 à 1879. Né à Périgueux d'une famille de tisseur, il deviendra ministre sous l'Empereur Napoléon III, occupant plusieurs fauteuils ministériels pendant 21 ans et sera rappelé après la guerre

de 1870-71 comme ministre des Finances sous le maréchal de Mac-Mahon. Il sera également un des principaux promoteurs du rail en France et favorisera la culture du tabac en Dordogne faisant de Bergerac un centre expérimental devenu aujourd'hui la Seita.
Ses descendants sont toujours propriétaires du château de Montaigne de par Madame Mähler-Besse, fille de Pierre et Antoinette Le Cour Grand Maison.

MARQUIS DE LA VALETTE, ministre de Napoléon III
Député, sénateur, ministre de Napoléon III. Il fait édifier en 1848 le château de la Cavalerie (à Peymilou, route de Montpon, à 7 kilomètres du centre-ville).

MOUNET SULLY, 1841-1916, tragédien, sociétaire de la Comédie Française
Un des premiers « monstres sacrés du spectacle ». Il a fait construire une excentrique fantaisie : le château de Garrigues (à la sortie de Bergerac, route de Mussidan, à 4 kilomètres du centre-ville). C'est un logis à colombages avec un cloître roman et une imposante tour rhénane. L'artiste venait séjourner souvent dans cette demeure.

MARQUIS LOUIS FOUCAULD de LARDIMALIE, 1858-1916, religieux et explorateur du Sud-Maroc
Il résidait au château de Bridoire qui fut mêlé à la guerre de Cent Ans, à la Fronde, aux guerres de Religion et qui fut détruit, restauré, agrandi. C'est le marquis Louis de Foucauld qui donnera à cette demeure sa physionomie actuelle, après 1865. Le père Charles de Foucauld y fit plusieurs séjours en 1911 et 1913.

EDMOND ROSTAND, 1868-1918
Né à Marseille, il monte à Paris pour son année de rhétorique. Quand il était pion, des élèves se moquaient de lui et l'avaient surnommé « Pif-luisant » à cause de son nez. Il ne se doute pas à l'époque que ce personnage qui lui a inspiré ses premiers vers aura une si grande importance dans sa carrière littéraire. Plus tard, il rencontre Rosemonde Gérard en vacances à Luchon. Ils s'aiment tout de suite. N'a-t-elle pas écrit un jour pour lui ces vers si célèbres : « ... car vois-tu, chaque jour, je t'aime davantage. Aujourd'hui plus qu'hier et bien moins que demain ». Après celui de Cyrano pour Coquelin, il écrit le rôle de Roxane pour Sarah Bernhardt qui, finalement, ne jouera pas la pièce mais qu'il retrouvera plus tard comme actrice dans « L'Aiglon », et qui deviendra sa maîtresse.
Pour ses vieux jours, il fera construire la propriété de ses rêves dans la région de Cambo au pays basque.

Cyrano Bergerac

L'AUTRE MONDE

ou Histoire Comique

Illustrations
de ROBIDA

Contenant

Les Etats et Empires de la Lune

PUBLIÉ INTÉGRALEMENT POUR LA PREMIÈRE FOIS
d'après le Manuscrit de la Bibliothèque Nationale
PAR MAURICE BAUCHE

Cyrano

Reproduction de « La Tirade du nez », extraite de *Cyrano de Bergerac*, d'Edmond Rostand.

Ah ! non ! c'est un peu court, jeune homme !
On pouvait dire... Oh ! Dieu !... bien des choses en somme.
En variant le ton, - par exemple, tenez :
Agressif : « Moi, monsieur, si j'avais un tel nez,
Il faudrait sur-le-champ que je me l'amputasse ! »
Amical : « Mais il doit tremper dans votre tasse !
Pour boire, faites-vous fabriquer un hanap ! »
Descriptif : « C'est un roc !... c'est un pic !... c'est un cap !
Que dis-je, c'est un cap ?... C'est une péninsule ! »
Curieux : « De quoi sert cette oblongue capsule ?
D'écritoire, monsieur, ou de boîte à ciseaux ? »
Gracieux : « Aimez-vous à ce point les oiseaux
Que paternellement vous vous préoccupâtes
De tendre ce perchoir à leurs petites pattes ? »
Truculent : « Çà, monsieur, lorsque vous pétunez,
La vapeur du tabac vous sort-elle du nez
Sans qu'un voisin ne crie au feu de cheminée ? »
Prévenant : « Gardez-vous, votre tête entraînée
Par ce poids, de tomber en avant sur le sol ! »
Tendre : « Faites-lui faire un petit parasol
De peur que sa couleur au soleil ne se fane ! »
Pédant : « L'animal seul, monsieur, qu'Aristophane
Appelle Hippocampelephantocamélos
Dut avoir sous le front tant de chair sur tant d'os ! »
Cavalier : « Quoi, l'ami, ce croc est à la mode ?
Pour pendre son chapeau, c'est vraiment très commode ! »
Emphatique : « Aucun vent ne peut, nez magistral,
T'enrhumer tout entier, excepté le mistral ! »
Dramatique : « C'est la mer Rouge quand il saigne ! »
Admiratif : « Pour un parfumeur, quelle enseigne ! »
Lyrique : « Est-ce une conque, êtes-vous un triton ? »
Naïf : « Ce monument, quand le visite-t-on ? »
Respectueux : « Souffrez, monsieur, qu'on vous salue,
C'est là ce qui s'appelle avoir pignon sur rue ! »
Campagnard : « Hé, ardé ! C'est-y un nez ! Nanain !
C'est qu'euqu' navet géant ou ben queuqu' melon nain ! »
Militaire : « Pointez contre cavalerie ! »
Pratique : « Voulez-vous le mettre en loterie ?
Assurément, monsieur, ce sera le gros lot ! »
Enfin parodiant Pyrame en un sanglot :
« Le voilà donc ce nez qui des traits de son maître
A détruit l'harmonie ! Il en rougit, le traître ! »
- Voilà ce qu'à peu près, mon cher, vous m'auriez dit
Si vous aviez un peu de lettres et d'esprit :
Mais d'esprit, ô le plus lamentable des êtres,
Vous n'en eûtes jamais un atome, et de lettres
Vous n'avez que les trois qui forment le mot : sot !
Eussiez-vous eu, d'ailleurs, l'invention qu'il faut
Pour pouvoir là, devant ces nobles galeries,
Me servir toutes ces folles plaisanteries,
Que vous n'en ussiez pas articulé le quart
De la moitié du commencement d'une, car
Je me les sers moi-même, avec assez de verve,
Mais je ne permets pas qu'un autre me les serve.

Cyrano de Bergerac

LA CONTROVERSE DE BERGERAC par Yves-Marie Delpit

- Non, monsieur !

- Et moi, monsieur, je vous dis que si !

- Mais enfin chacun sait que le célèbre Cyrano n'a rien à voir avec votre bonne ville de Bergerac et que s'il en portait le nom, c'était en référence aux terres de son grand-père, Savinien Ier, qui possédait dans la paroisse de Saint-Forget, près de Dampierre dans les Yvelines, la seigneurie de Mauvières et Soubs-Forêts qui porta un temps le nom de « fief de Bergerac » ! Il reste d'ailleurs dans le parc du château de Mauvières à Sous-Forêt, dans la vallée de Chevreuse un kiosque dit de Bergerac. Allez voir ! Quelle preuve voulez-vous de plus ?

- Et en quelle estime, Monsieur, tenez-vous cette tradition orale qui veut qu'à la Ribeyrie, près de Bergerac en Dordogne, se trouve une tour qui fut aux Faure et aux Bacalan, et où Cyrano venait retrouver une belle meunière ? Le mari jaloux s'arrangea d'ailleurs pour qu'au cours d'un de ces rendez-vous galants un merlon de pierre mal scellé tomba sur le chef de notre héros qui en fut quitte pour quelques bosses ! Mettriez-vous en doute nos historiens locaux ?

- Loin de moi, monsieur, cette idée. Mais qu'auraient eu à faire de votre ville Abel de Cyrano, seigneur de Mauvières, et Espérance Bellanger qui donnèrent la vie à Savinien en 1619 à Paris, rue des Deux Portes, aujourd'hui rue Dussoubs, dans le deuxième arrondissement ?
On sait même qu'il fut baptisé le 6 mars de cette même année dans la paroisse de Saint-Sauveur. Et bien que cette église fut détruite en 1787, vous trouverez rue Saint-Denis, face à la rue Grueto, une haute porte cochère qui en est le seul vestige. Nous sommes bien loin de votre Périgord et de ses terres !

- Parlons-en de nos terres et des richesses qu'elle rend à ceux qui l'entretiennent. N'est-ce pas Cyrano, à qui l'on demandait d'où il tenait « sa verve et son humeur joviale » qui répondit avec emphase « Hé par Dieu, de l'esprit de mes pairs et du Monbazillac » !
Ses pairs, monsieur, ce sont ses semblables qui vivent ici, à Bergerac, et vous ne sauriez dire que les Parisiens sont connus, eux aussi, pour leur verve et leur humeur joviale. Quant au Monbazillac, il n'y a nulle part ailleurs d'autres terres qui en détiennent le secret ou en portent le nom. Restons sérieux, monsieur, et rendez à César ce qui appartient à César !

- À Rostand, serait plus juste ! Car enfin, c'est du Rostand que vous nous citez là et l'imagination de ces auteurs est sans frontières ...

- Vous vous arrêtez à des détails. Cyrano ne fut-il pas cadet au régiment de Gascogne et bretteur impénitent ?

- Cadet, oui ; mais au régiment des Gardes, sans autre qualificatif.
Par contre, il est vrai que son esprit bouillonnant et singulier le fit connaître comme la terreur des braves de son temps et qu'il se battit presque quotidiennement en duel pour son honneur ou celui de ses amis.

- Vous voyez bien, c'est un « pays ». Comment en doutez-vous encore ?

- Vous êtes incorrigible et il n'est pire sourd que celui qui ne veut pas entendre.
Croyez-vous qu'un « pays », comme vous dites, aurait abandonné l'armée par amour des belles lettres et pour consacrer son existence à l'écriture ?

- Que faites-vous de Brantome ou de Montaigne ? Des parisiens également, sous le seul prétexte qu'ils savaient écrire !

- Non, bien sûr, et comme le disait si justement Montaigne, « il vaut mieux être premier en province que second à Paris ».
Mais enfin, c'est tout de même à l'Illustre Théâtre, à Paris en 1645, que Cyrano fait représenter sa comédie « Le Pédant Joué ». Il est aussi l'auteur de « La Mort d'Agrippine » en 1654, de « L'Histoire Comique des États et Empires de la Lune et du Soleil» et des « Entretiens Pointus ».

- Ce ne serait pas le premier Périgordin à réussir à Paris. Vous en semblez étonné !
Et puis, ses promenades au bord de la Dordogne où, par temps clair, se reflète en toute splendeur le soleil le jour, et la lune la nuit, peuvent très bien lui avoir inspiré de telles oeuvres.
Quant au «Pédant Joué» ou aux «Entretiens Pointus», je n'y vois que la satyre d'un esprit de province à l'encontre de certaines fatuités ou certains travers, amusants au demeurant, de vos semblables familiers.

- C'est encore du Rostand que cette idée de voir Cyrano errer sur les rives de votre rivière !
En tout cas ce n'est pas dans les bras de Roxane qu'il meurt le 28 juillet 1655 avant d'être inhumé en l'église du monastère de Sannois en Val-d'Oise - toujours la région parisienne. Il y est enterré à côté de son protecteur le duc d'Arpajon.
Le seul épisode vraiment romantique qu'on puisse rattacher à ce personnage est, après la profanation de sa tombe sous la Terreur, la dispersion au vent de ses cendres.
En est-il enfin autant de vos chimères ?

- Pas plus à présent qu'avant, et c'est vous qui donnez la clef de cette controverse en parlant de romantisme.
Que Savinien de Cyrano, seigneur de Mauvières, Soubs-Forêt et Bergerac fut parisien, soit, je l'admets et vous remercie pour ce cours d'histoire vraie.
Mais que notre Cyrano n'ait pas ses racines ici, non merci !
Qu'on dénie à Rostand la paternité de cet enfant, non merci !
Qu'on ne voit pas dans son panache la marque de nos lignages, non merci !
Qu'on oublie que sans Bergerac, Cyrano n'est qu'un poulbot, non merci !
Qu'on oublie que sa notoriété tient seule à sa vie romancée, non merci !
Qu'on passe sous silence le cortège des acteurs qui ont défendu son honneur, non merci !
On n'aurait pu dire, tenez, bien des choses en somme et sans imagination, camper sur nos positions. La vérité est tout autre et l'histoire n'y a plus sa place. D'un obscur bretteur, adroit de la plume, un auteur célèbre fit deux hommes semblables et dissemblables, et si Abel est bien le père de Savinien, Rostand est sans nul doute celui de Cyrano. L'un était parisien et l'autre périgordin !

- Vous prendrez bien, monsieur, un verre de Bergerac ?

PHOTOGRAPHIES

Michel DELPON

sauf mention contraire.

REMERCIEMENTS À :

Yves-Marie DELPIT
Didier CAPURON
Jean-Pierre GOT
Yan LABORIE

Avec la documentation de :

CIVRB
Cave de Monbazillac
Office du Tourisme de Bergerac
Musée de la ville de Bergerac

Avec le concours de :

Conseil Général de Dordogne
Conseil Régional d'Aquitaine

Le moulin de Larroque à Couze a le plaisir de vous offrir avec cet ouvrage
un papier à la main imprimé en typographie.
Moulin de Larroque et Pombie
24150 COUZE
Tél. : 05 53 61 01 75
Fax : 05 53 24 03 59

Designer : Bernard Penalba
Mise en page : Artis.com - www.artis-com.fr
Photogravure : N.I.S

Achevé d'imprimer en décembre 2000 sur les presses de France Quercy - Cahors
N° d'édition : 835-2 - N° d'impression : 02502

Dire Éditions - 87, rue Joffre - 46000 Cahors
ISBN 2-913237-25-8